Ich mach das mit links

Lauren Milsom

Ich mach das mit links

Übungen und Tipps für linkshändige Kinder und ihre Eltern

Aus dem Englischen
von Rolf Polander

Englische Ausgabe:
Hachette Livre Company, Großbritannien (UK)
Zuerst erschienen in Großbritannien 2008 bei Hamlyn,
in der Octopus Publishing Group Ltd.
2-4 Heron Quays, London E14 4JP
www.octopus.co.uk

Bibliografische Information der Deutschen Bibliothek
Die Deutsche Bibliothek verzeichnet diese Publikation in der Deutschen Nationalbibliografie; detaillierte bibliografische Daten sind im Internet über
http://dnb.ddb.de abrufbar.

in der Verlag Kreuz GmbH
Postfach 80 06 69, 70506 Stuttgart

www.urania-verlag.de

Umschlaggestaltung: Behrend & Buchholz, Hamburg
Titelfoto: © Ron Nickel/Design Pics/Corbis (Bildnr. 42-18914111)
Satz: Roland Poferl Printdesign, Köln

Printed in China

ISBN 978-3-7831-6195-3

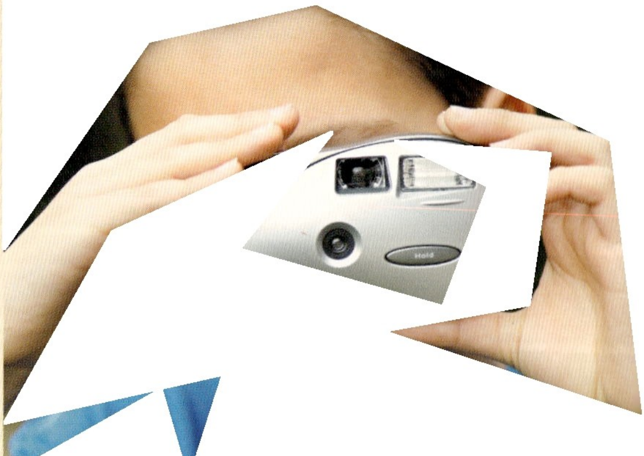

Inhalt

Aus Platzgründen und der Einfachheit halber werden im Buch durchgängig die Ausdrücke »Linkshänder« und »Rechtshänder« benutzt. Gemeint sind grundsätzlich weibliche und männliche Links- und Rechtshänder.

Vorwort

Mein Mann Keith und ich sind beide Linkshänder und wir haben in den letzten 18 Jahren versucht, die Bedürfnisse von Linkshändern herauszufinden und sie in der »Left-Hander's Association« zunehmend bewusst zu machen. Wir lassen auch Artikel für Linkshänder herstellen und vertreiben sie direkt über unsere Website »anythingleft-handed.co.uk«.

Mehr als 30 Jahre lang betrieb unsere Familie das allererste Geschäft mit Artikeln für Linkshänder – den bekannten »Left-Handed Shop« im Zentrum von London. Bevor die steigenden Kosten uns 2006 zwangen zu schließen, besuchten uns Kunden aus aller Welt, und wir sind froh, dass wir diese Kunden und viele andere dazu heute mit unserer Website erreichen können und dass unser Linkshänderklub (s. S. 121) mehr als 50 000 Mitglieder hat, die alle stolz darauf sind, Linkshänder zu sein.

Wir haben einen linkshändigen Sohn und eine rechtshändige Tochter, kennen daher aus erster Hand die Hürden, die ein linkshändiges Kind in der Schule und zu Hause überwinden muss. Im Laufe der Jahre hat es uns fasziniert, die großen Fortschritte zu beobachten, die von der rechten Hirnhälfte Gesteuerte (s. S. 19) durch kreative Lerntechniken erreichen können.

Wenn Sie als Rechtshänder ein linkshändiges Kind aufziehen, wissen Sie sicher, wie hilfreich es sein kann, das Kind auch zu einfachen Tätigkeiten beizeiten richtig anzuleiten. Anziehen, Essen, Malen, Schneiden und Backen sind oft mühevoll, wenn sie von der falschen Seite her angegangen werden. Durch meine rechtshändige

Durch ihr gutes räumliches Vorstellungsvermögen haben Linkshänder anderen oft etwas voraus.

Erlauben Sie Ihrem Kind, für tägliche Verrichtungen die Hand zu benutzen, mit der es am besten zurechtkommt.

Tochter ist mir bewusst geworden, wie irritierend es sein kann, selbst immer die entgegengesetzte Hand zu benutzen wie das Kind. In unserer Familie sind die Linkshänder in der Mehrzahl und wir mussten lernen die Unterschiede zu der einzigen Rechtshänderin unter uns auszugleichen.

Oft macht es schon viel aus, von welcher Seite man an eine Sache herangeht. Die Vorschläge in diesem Buch sind einfach, aber wirkungsvoll. Sie wurden von vielen Familien auf der ganzen Welt viele Jahre lang praktiziert und getestet. Allerdings sind durchaus nicht alle Linkshänder gleich – auch nicht in derselben Familie. Achten Sie auf Schwierigkeiten, die auftauchen können, aber nehmen Sie nicht von vornherein an, dass es welche gibt. Machen Sie Ihrem Kind seine Linkshändigkeit nicht unnötig bewusst. Gehen Sie einfühlsam auf seine individuellen Bedürfnisse ein, und schlagen Sie ihm, wenn Probleme auftauchen, Lösungen vor. Bleiben Sie dabei immer entspannt und ermutigen Sie Ihr Kind. Dann können Sie sicher sein, dass es selbstsicher und leistungsfähig wird und dass seine Linkshändigkeit kein Problem darstellt.

Einführung

Einführung

Eltern investieren oft viel Zeit und Mühe, um sich über alle Aspekte der Erziehung zu informieren. Sie bemühen sich um gesunde Ernährung, um Spiele, mit denen das Kind seine Fähigkeiten trainiert und überlegen, wie sie seine emotionale und soziale Entwicklung fördern können. Aber nur wenige denken an einen der wichtigsten Aspekte der Veranlagung des Kindes – seine Rechts- oder Linkshändigkeit.

Setzen Sie sich mit Linkshändigkeit auseinander!

Sie sollten Ihrem linkshändigen Kind, das in eine Welt hineinwächst, die seine Bedürfnisse weitgehend ignoriert, alle Hilfen geben, die seine Sicherheit und sein Wohlbefinden fördern. Informieren Sie sich über Linkshänder und Linkshändigkeit, damit Sie feststellen können, wie stark die Veranlagung Ihres Kindes zur Linkshändigkeit ist. Verbannen Sie Mythen und Vorurteile über Linkshänder aus Ihrem Denken und vermitteln Sie Ihrem Kind Zutrauen und praktische Fertigkeiten, um Aufgaben sicher, bequem und effektiv anzugehen – dann kann es alle Fähigkeiten, die es hat, entfalten.

Wenn Ihr Kind der erste Linkshänder in der Familie ist, wird es Sie überraschen, zu erfahren, wie verbreitet Linkshändigkeit tatsächlich ist. Nach neuesten Zahlen sind etwa 13 Prozent der Bevölkerung von Natur aus Linkshänder.

Als Linkshänder geboren

Linkshändigkeit ist angeboren. Doch in vielen Kulturen begegnete man Linkshändern mit Misstrauen oder sogar mit gesellschaftlicher Ächtung. Linkshändige Kinder wurden gezwungen, die rechte Hand zum Schreiben und Essen zu benutzen. Es wird nicht überraschen, dass Kinder durch solchen Zwang in ihren Fähigkeiten zurückbleiben, unbeholfen und schwerfällig erscheinen, weil sie Tätigkeiten mit der schwächeren Hand verrichten müssen, und dass sie auch weniger Selbstbewusstsein entwickeln, was zu bleibenden psychischen Schäden führen kann.

Versuchen Sie es einmal selbst!

Wenn Sie Rechtshänder sind, versuchen Sie doch einmal, Dinge, die Sie sonst mit Rechts tun, mit der linken Hand auszuführen.

Nehmen Sie das nächste Mal, wenn Sie ihre normale, für Rechtshänder gemachte Schere benutzen, diese in die *linke* Hand und versuchen Sie, eine einfache Form sauber auszuschneiden. Sie werden die Schneiden der Schere automatisch voneinander wegdrücken und die obere wird Ihre Schnittlinie verdecken. Es kann also nicht überraschen, dass das Ergebnis eingerissen und ungleichmäßig ist und dass Ihr Daumenknöchel schmerzt.

Versuchen Sie jetzt eine Scheibe Brot mit einem Wellenschliff-Messer abzuschneiden. Nehmen Sie das Messer dazu in die linke Hand. Dass Sie ein treppenförmiges Stück erhalten, liegt nicht an ihrer Unfähigkeit, sondern daran, dass der Wellenschliff des Messers beim linkshändigen Schneiden an der falschen Seite liegt.

Durch solche Erfahrungen wird Ihnen schnell deutlich, dass wir unsere Welt für Rechtshänder eingerichtet haben. Linkshänder müssen die meisten Verrichtungen von hinten nach vorne, also andersherum, tun – und dies mit Geräten, die nicht für sie gemacht sind.

Beziehen Sie Ihr Kind ein in die Einrichtung seines Zimmers und seiner Spielecke, so dass es alles leicht erreichen kann.

Heute wissen wir, wie schädlich eine »Erziehung zur Rechtshändigkeit« ist. In den meisten zivilisierten Ländern wird sie nicht mehr verfolgt. Sie ist auch vergeblich, denn man kann die natürliche Veranlagung zur Dominanz einer Seite bei niemandem umkehren. In Gesellschaften, die Linkshändigkeit nicht akzeptieren, benutzen Linkshänder für manche Tätigkeiten die rechte Hand. Das ändert aber nichts daran, dass sie mit der anderen Hand geschickter sind, und dass sie von ihrer rechten Gehirnhälfte gesteuert werden.

Die Herausforderung annehmen

Ich habe über viele Jahre mit Linkshändern gearbeitet und bin heute fest davon überzeugt, dass dies eine ihrer größten Stärken ist: Sich in einer Welt zu behaupten, in der schon die einfachsten Verrichtungen eine Herausforderung darstellen, weil sie mit von Rechtshändern erdachten Werkzeugen ausgeführt werden müssen.

In den ersten Lebensjahren macht Ihr Kind viele Entdeckungen und neue Erfahrungen und muss sich – wenn es Linkshänder ist – zusätzlich an eine Umgebung für Rechtshänder anpassen. Durch diese frühe Anpassungsleistung haben linkshändige Kinder anderen, die niemals Probleme lösen mussten, wie sie Linkshändern regelmäßig begegnen, etwas voraus. Die Eltern sollten dem Kind dabei, Mut zu machen, es anleiten, sich Hindernissen mit Selbstvertrauen zu nähern und sie als Herausforderung anzunehmen sowie zusammen mit dem Kind Lösungen zu ihrer Überwindung auszuprobieren.

Dieses Buch beschreibt häufige Herausforderungen, vor die Ihr linkshändiges Kind gestellt wird, sowie viele einfache und nützliche Strategien, wie man Alltagshindernisse überwindet, sich das Leben einfacher macht und genug Selbstvertrauen gewinnt, um Schwierigkeiten, die auftauchen, mit Erfolg anzugehen.

Zwischen Anpassung und Kompromiss

Ein großer Vorteil, den Ihr Kind aus seiner Linkshändigkeit zieht, ist, dass es lernt, sich möglichst weit an für Rechtshänder geschaffene Anordnungen und Geräte anzupassen und sie auf seine Weise effektiv zu benutzen. Überall in diesem Buch finden Sie dazu Vorschläge. Ist Ihr Kind erst einmal im Teenageralter, hat es gelernt, die meisten Situationen so selbstverständlich zu meistern, dass seine Linkshändigkeit kein Problem mehr ist.

Der Ausguss der Kasserolle ist für einen Linkshänder an der falschen Seite und zwingt ihn, rückwärts zu gießen.

Trotzdem gibt es Fälle, in denen es für Linkshänder nicht möglich ist, Tätigkeiten bequem und effizient zu verrichten, besonders, wenn Werkzeuge und Geräte auf Rechtshänder zugeschnitten sind. Im Alltag müssen Linkshänder oft Kompromisse machen und Werkzeuge benutzen, die für sie unhandlich, unbequem und manchmal auch gefährlich sind.

Viele Rechtshänder können das nicht verstehen, und wie sollten sie auch? Wer keinen Linkshänder in der Familie hat, kann sich kaum vorstellen, mit wie vielen Aufgaben Linkshänder Schwierigkeiten haben. Erstaunlich ist aber, dass viele Linkshänder die zusätzlichen Unbequemlichkeiten, die sie täglich auf sich nehmen, gar nicht mehr bemerken, weil sie sich angewöhnt haben, Werkzeuge so zu benutzen, dass sie funktionieren, auch wenn es ungeschickt aussehen mag. Weil sie ihr Vorgehen nicht mit dem von Rechtshändern vergleichen können, gelingt es den Linkshändern auch nicht, nachzuvollziehen, wie viel leichter und bequemer es sein könnte, etwas mit der rechten Hand zu tun.

Erst wenn man Linkshändern eigens für sie entwickelte Werkzeuge gibt, merken sie, dass man vieles besser und bequemer tun kann. Weil es für Linkshänder in den meisten Geschäften aber kaum Werkzeuge und Geräte für alltägliche Verrichtungen gibt, haben sie keine Möglichkeit solche für Rechtshänder mit für Linkshänder konzipierten zu vergleichen und müssen im Alltag weiter mit vielen Tücken kämpfen.

Benutzen Linkshänder das erste Mal Werkzeuge, die wirklich für sie gemacht sind, merken sie, dass sie sich an die Werkzeuge für Rechtshänder nicht wirklich angepasst, sondern tausend kleine Kompromisse gemacht haben. Sie sind überrascht, wenn sie merken, wie leicht sie sich schon nach ein paar Minuten an das neue Werkzeug anpassen und die oft umständliche Handhabung aufgeben, die sie gewählt hatten, um mit dem für Rechtshänder hergestellten Werkzeug zurechtzukommen. Es ist kein Zufall, dass der häufigste Vorwurf an Linkshänder lautet, sie seien umständlich und unbeholfen. Rechtshänder bedenken nicht, dass dies nur so scheint, weil viele Werkzeuge für Linkshänder »verkehrt herum« sind.

Ein unsicherer Schnitt, unhandliche Dosenöffner, Schälmesser und Scheren: Werkzeuge für Rechtshänder.

Eine Neigung zum Schöpferischen

Wahrscheinlich ist Ihr linkshändiges Kind sehr kreativ – nicht nur auf künstlerischem oder handwerklichem Gebiet, sondern auch in seinen Ideen und in seiner Wahrnehmung der Welt. Es ist kein Zufall, dass das Universalgenie Leonardo da Vinci, Künstler und Erfinder, ein Linkshänder war oder dass es unter Architekten überdurchschnittlich viele Linkshänder gibt

Bei Linkshändern dominiert die rechte Hirnhälfte (s. Seite 18–19). Sie haben ein gutes visuelles Vorstellungsvermögen. Das befähigt sie zum innovativen Umgang mit Problemen. Oft finden sie Lösungen, auf die andere nicht gekommen wären. Ihr kleiner Linkshänder kann zu vielem eine erfrischend neue Sichtweise vertreten und damit vielleicht auch Ihren Horizont erweitern.

Oft ist über den hohen Anteil von Linkshändern an den Leistungsträgern der Gesellschaft spekuliert worden und tatsächlich gibt es eine lange Reihe von bemerkenswerten Begabungen aus der Geschichte bis in unsere Zeit, die Linkshänder waren oder sind. Könnte es sein, dass die natürliche Neigung zum lateralen Denken, die zur Lösung alltäglicher Anforderungen gebraucht wird, Linkshänder befähigt, später auch größere Herausforderungen zu bewältigen? Oder handelt es sich um angeborene Kreativität?

Ob Linkshänder wirklich, wie oft behauptet wird, häufiger in den bildenden Künsten, Musik und Sport erfolgreich sind als andere, ist sehr schwer festzustellen. Trotzdem ist der Beitrag beeindruckend, den Linkshänder in Kultur und Gesellschaft geleistet haben.

»Linkshändigkeit, ist kein Fehler und keine Entwicklungsstörung. Linkshänder sind einfach nur anders. Respektieren Sie das Anderssein Ihres Kindes, helfen Sie ihm, sich soweit nötig anzupassen und loben Sie es dafür. Seine Linkshändigkeit ist ein Teil seiner Persönlichkeit.«

Jimi Hendrix

Bill Gates

Berühmte Linkshänder

Mario Adorf – Schauspieler
Alexander der Große – Feldherr
Aristoteles – Philosoph
Julius Cäsar – römischer Kaiser
Lewis Carroll – Autor von »Alice im Wunderland«
Charlie Chaplin – Schauspieler
Fidel Castro – Revolutionär und Politiker
Friedrich der Große – preußischer König
Robert De Niro – Schauspieler
Bob Dylan – Musiker und Songschreiber
Albert Einstein – Physiker und Nobelpreisträger
Henry Ford – Autofabrikant
Greta Garbo – Filmschauspielerin
Bill Gates – Gründer der Firma Microsoft
Bob Geldof – Sänger
Johann Wolfgang von Goethe – Dichter
Jimi Hendrix – Gitarrist
Hans Holbein – Maler
Franz Kafka – Schriftsteller
Klaus Kinski – Schauspieler
Karl der Große – fränkischer König und Kaiser
Karl Lagerfeld – Modedesigner
Leonardo da Vinci – Maler und Konstrukteur
Mahatma Gandhi – Politiker
Mark Twain – Schriftsteller
M. C. Escher – Grafiker und Maler
Diego Maradona – Fußballspieler
Marilyn Monroe – Schauspielerin
Paul McCartney – Musiker und Songschreiber
Michelangelo – Maler, Bildhauer und Konstrukteur
Napoleon Bonaparte – Feldherr und Kaiser
Martina Navratilova – Tennisspielerin
Isaac Newton – Physiker
Friedrich Nietzsche – Philosoph
Barack Obama – amerikanischer Präsident
Ringo Starr – Schlagzeuger und Sänger
Peter Paul Rubens – Maler
Albert Schweitzer – Arzt
Hernry Toulouse Lautrec – Maler
Peter Ustinov – Schauspieler

Eine umfangreiche Liste berühmter Linkshänder gibt es im Internet unter www.maecky.com/privat2/links.htm.

Martina Navratilova

Julius Cäsar

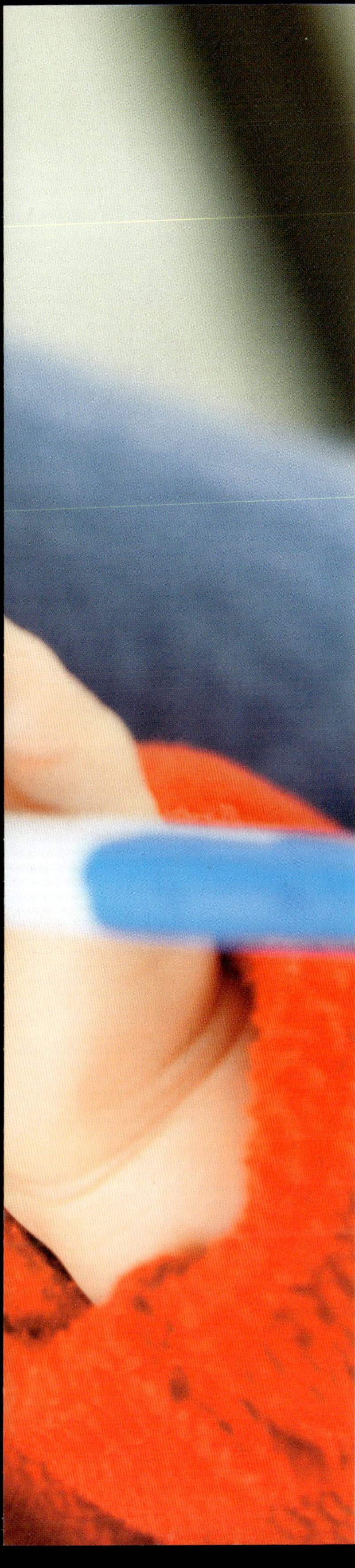

1

Die Entwicklung der Linkshändigkeit

Alles nur im Kopf?

Das Gehirn ist der Schlüssel zu allen Aspekten des Körpers und des Bewusstseins, von der Muskelkoordination über die Interpretation der optischen Wahrnehmung bis zur Art und Weise, wie wir Probleme lösen. Bewegungen und Sinne sind kreuzweise miteinander verknüpft, so dass – einfach gesagt – die rechte Hirnhälfte die linke Körperseite steuert und umgekehrt.

Linke und rechte Gehirnhälfte

Seit langem weiß man nicht nur, dass die linke Körperseite von der rechten Gehirnhälfte gesteuert wird, sondern auch dass diese der Sitz von bildlichem Denken, räumlichem Vorstellungsvermögen und den Sinneswahrnehmungen ist. So folgerte man, dass Funktionen, die man in der rechten Hirnhälfte lokalisiert hatte, bei Linkshändern besonders stark ausgeprägt sein müssten. Man teilte ein in von der linken Hirnhälfte gesteuerte Verstandesmenschen und von der rechten gesteuerte Gefühlsmenschen. Dies gehört mittlerweile ins Reich der Legenden.

Tatsächlich sind die Verknüpfungen zwischen den Hirnhälften sehr viel komplexer. Weil wir ständig Fertigkeiten ausüben, die in ganz verschiedenen Regionen des Gehirns ihren Sitz haben, kommunizieren die beiden Hirnhälften ununterbrochen über ein Netz von Nervenfasern, die man das *Corpus callosum* nennt.

Dieses Buch will sich nicht mit Hirnforschung beschäftigen und in eine Debatte eingreifen, die noch immer andauert. Meine Erfahrung – gestützt auf zahlreiche Beobachtungen, die wir gemacht haben – ist aber, dass bei Linkshändern eine deutliche Neigung zu kreativen und künstlerischen Tätigkeiten zu bestehen scheint. Viele Linkshänder wählen Berufe, in denen es auf räumliches Denken ankommt wie im Bereich der Medien und der Kunst, der Architektur und der Musik sowie in der Informationstechnologie. Welche Hand jemand bevorzugt besonders für diffizile Arbeiten, kann ein Hinweis darauf sein, wie sein Gehirn vernetzt ist, und man kann vermuten, wo seine Stärken und seine natürlichen Talente und Fähigkeiten liegen.

Die Sprachzentren

Man glaubt, dass Rechts- oder Linkshändigkeit eng mit der Sprache verknüpft ist. Bei 95 % der Rechtshänder liegt das Sprachzentrum in der linken Hirnhälfte. Bei einer beachtlichen Minderheit von Linkshändern, nämlich 30 %, liegt das Sprachzentrum entweder ganz in der rechten Hälfte oder ist auf beide Hirnhälften aufgeteilt (siehe Abbildung auf Seite 19).

Kommunikation

Das *Corpus callosum* verbindet die beiden Gehinhälften und erlaubt den Informationsaustausch zwischen ihnen.

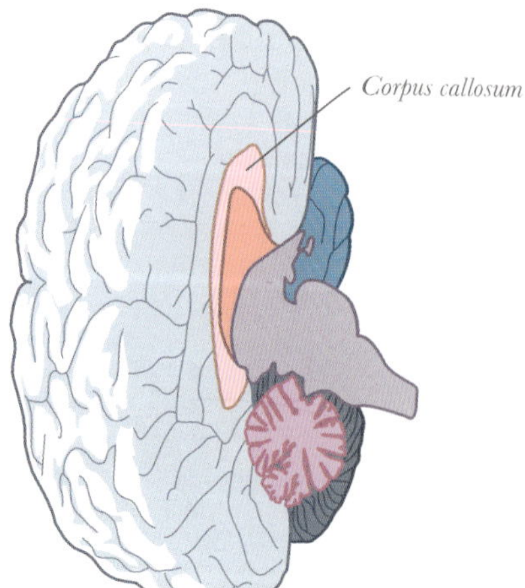

Wie verteilen sich unsere Fähigkeiten auf die beiden Gehirnhälften?

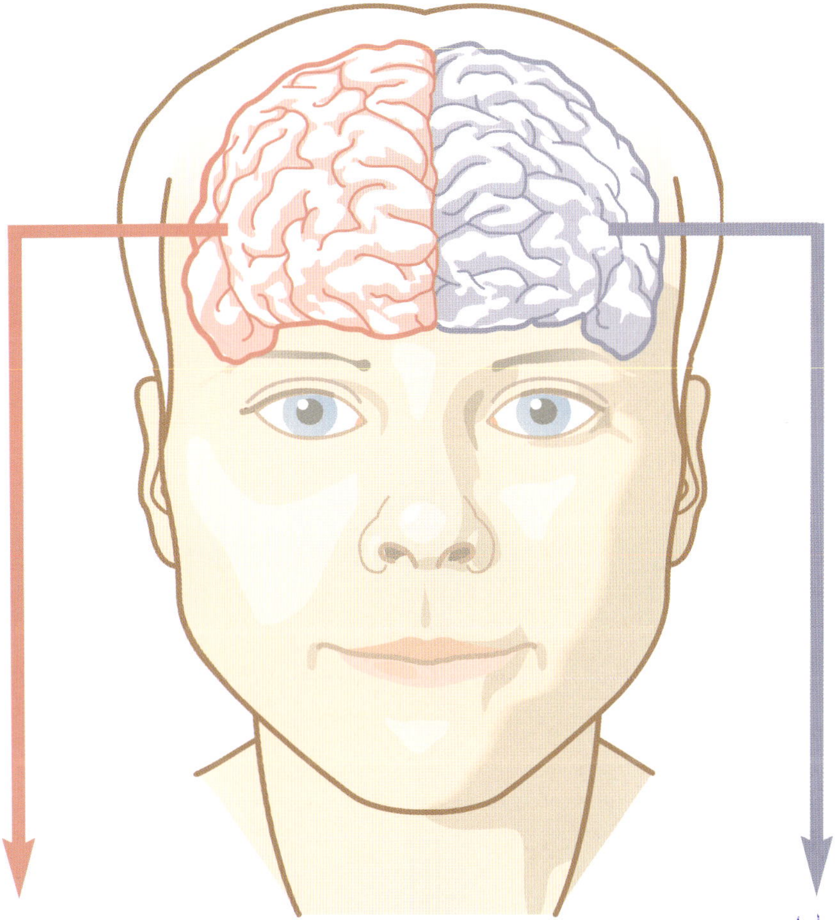

Die rechte Hirnhälfte **steuert die linke Hand** und normalerweise folgende Funktionen:

- Bewegungen der linken Körperseite
- Bildliches Denken
- räumliche Wahrnehmung
- Sinneswahrnehmungen
- Kreativität
- Gefühle
- Aufmerksamkeit
- Musikalität
- stimmliche Intonation
- Kunst
- Inspiration
- Sprachfähigkeit

Die linke Hirnhälfte **steuert die ~~linke~~ rechte !!! Hand** und normalerweise folgende Funktionen:

- Bewegungen der rechten Körperseite
- Sprechvermögen
- Sprachfähigkeit
- Schreiben
- logisches Denken
- (mathematisch-)analytisches Denken
- komplexe Bewegungsabläufe
- Logisches Folgern
- Geradlinigkeit
- Vorstellungen

Theorien über Linkshändigkeit

Fast jeder benutzt für bestimmte Tätigkeiten bevorzugt eine seiner beiden Hände *(laterale Präferenz)* und es gab schon viele Spekulationen und auch ernsthafte Forschungen um die Gründe dafür herauszufinden. Obwohl die letzte Ursache für Linkshändigkeit noch nicht gefunden ist, scheint es heute sicher zu sein, dass sie erblich ist. Sie lässt sich in bestimmten Familien beobachten, aber ihr Auftreten folgt keinen erkennbaren Regeln.

Genetische oder natürliche Linkshändigkeit

Linkshändigkeit ist ein beliebtes Thema der Genforschung und Forscherteams suchen nach einem Gen, das die laterale Präferenz beeinflusst. Eine Gruppe internationaler Wissenschaftler am Wellcome Trust Centre für Humangenetik an der Universität von Oxford konnte in einer Reihe von Fällen ein Gen finden, von dem man vermutet, dass es die Asymetrie des Gehirns modifiziert und damit die Chance erhöht, dass jemand ein Linkshänder wird.

Hinweise auf eine genetische Ursache gibt die Statistik: Ist einer oder sind beide Elternteile Linkshänder, ist die Wahrscheinlichkeit größer, dass auch das Kind ein Linkshänder wird. Eine der jüngsten und umfassendsten Untersuchungen über das Thema hat Dr. Chris McManus an der Universität von Oxford durchgeführt und in seinem Buch *Right Hand, Left Hand* dokumentiert (s. S. 122). Seine Analyse der aufgenommenen Daten zeigt: Linkshändig sind etwa 9 % der Kinder von zwei rechtshändigen Eltern und 26 % der Kinder von zwei linkshändigen Eltern. Ist ein Elternteil rechts- und der andere linkshändig, sind 19 % der Kinder linkshändig – der Anteil ist etwas höher, wenn die Mutter linkshändig ist (siehe Kasten unten).

Dr. McManus glaubt, dass es ein genetisches Muster für die Rechshändigkeit gibt, das die Nachkommenschaft immer rechtshändig werden lässt, und ein variables Genmuster, das, wenn es vererbt wird, uns nach dem Zufallsprinzip entweder rechts- oder linkshändig macht, so wie man eine Münze wirft. Das würde erklären, warum es in manchen Familien Rechts- und

Links- oder rechshändig?

- Zwei rechtshändige Eltern können mit einer Wahrscheinlichkeit von 9,5 % ein linkshändiges Kind bekommen.
- Ist ein Elternteil rechts-, der andere linkshändig, beträgt die Wahrscheinlichkeit für ein linkshändiges Kind 19,5 %. (Sie ist geringfügig höher, wenn die Mutter der linkshändige Elternteil ist.)
- Zwei linkshändige Eltern bekommen mit einer Wahrscheinlichkeit von 26,1 % ein linkshändiges Kind.

Daran erkennen Sie, ob Ihr Kind ein »pathologischer« Linkshänder* ist:

- Das Kind bevorzugt schon im Babyalter die linke Hand in auffallender Weise (Greifreflex, Daumenlutschen usw.)
- Verzögertes Wachstum einer Hand oder eines Fußes.
- Das Kind ist sehr ungeschickt mit den Händen.

* Zum Begriff siehe S. 22

Ein linkshändiges Kind wird für schwierige Tätigkeiten seine linke Hand benutzen, lange bevor es zu schreiben beginnt.

Linkshänder gibt, obwohl beide Eltern Rechtshänder sind und warum man Linkshändigkeit nicht so vorhersagen kann wie andere Merkmale, z. B. die Augenfarbe.

Das würde auch erklären, warum bei eineiigen Zwillingen häufig nicht die gleiche Körperseite dominiert, obwohl ihr genetischer Code identisch ist. Nach Untersuchungen von Professor Stanley Coren an der Universität von British Columbia ist bei einem von fünf eineiigen Zwillingspaaren ein Kind links- und das andere rechtshändig. Obwohl diese Theorie sehr überzeugend scheint und auch die Abweichungen der lateralen Präferenz von Eltern und Kindern erklärt, muss hier noch viel Forschungsarbeit geleistet werden, um zu den Ursachen vorzustoßen.

Die Wahrscheinlichkeit, ein linkshändiges Kind zu bekommen, wächst mit der Anzahl der Kinder, die ein Elternpaar hat. So ist sie z. B. beim dritten Kind höher als beim ersten. Wenn die Anzahl Ihrer Kinder also groß genug ist, werden Sie ganz bestimmt einen Linkshänder dabei haben.

Linkshändigkeit liegt meist in der Familie. Aber ihr auf die Spur zu kommen, kann manchmal schwer sein.

Pathologische Linkshändigkeit durch frühe Verletzungen des Gehirns

Das menschliche Gehirn hat die wunderbare Fähigkeit, Verletzungen auszugleichen. Oft übernehmen dann andere Gehirnpartien die Funktion, die der verletzte Teil nicht länger ausführen kann. Das ist oft bei Opfern eine Schlaganfalls zu beobachten, die verloren gegangene Fähigkeiten wiedergewinnen.

Der schreckliche Ausdruck »pathologischer Linkshänder« heißt einfach, dass das Kind deshalb linkshändig ist, weil sein Gehirn eine vielleicht geringfügige Verletzung erlitten hat oder Stressbelastung ausgesetzt war, möglicherweise während oder kurz nach der Geburt. Das Kind wäre rechtshändig geworden, aber durch irgendeine Verletzung der linken Gehirnhälfte – ob vorübergehend oder dauerhaft – wurde ein »Umschalten« auf die nicht betroffene Seite ausgelöst. Ursachen dafür können Geburtsstress, verlängerte Wehen, Frühgeburt, Geburt in Steißlage, Kaiserschnittt, Mehrlings- oder Zangengeburten sein. Dabei treten häufig Blutungen oder Sauerstoffmangel im Gehirn auf.

Die Bewegungsnerven, die von der Großhirnrinde der *linken* Gehirnhälfte ausgehen, steuern die Bewegungen der *rechten* Körperseite (Unterarme, Hände und Finger, Beine, einige der Augenmuskeln und die Zunge). Betrifft die Verletzung die linke Hirnhälfte, kann das beim Kind eine schwächere rechte Körperhälfte zur Folge haben. Schwere Verletzungen können zu halbseitiger Lähmung führen. Im Falle kleinerer Verletzungen aber gleicht das Gehirn den Defekt aus, indem es das Sprachzentrum und die Bewegungssteuerung in die rechte Gehirnhälfte verlagert. Damit macht es aus einem ursprünglich rechtshändigen Kind einen Linkshänder. Diese

Theorie erklärt sehr gut, warum auch Paare linkshändige Kinder haben, in deren Familien Linkshändigkeit bisher niemals vorkam.

Manchmal bekommen diese Kinder später noch zusätzliche Probleme und Schwierigkeiten. So hören wir, dass Linkshänder oder bilateral veranlagte Kinder überproportional an ADHS, Lese- und anderen Lernschwächen leiden. Das muss aber natürlich beim einzelnen Kind nicht notwendigerweise der Fall sein und trotz des unglücklichen Namens haben »pathologische Linkshänder« manchmal nur kaum merkliche Beeinträchtigungen aufzuweisen und sehr oft auch gar keine.

Die vergessene Vergangenheit

Zu bestimmen, ob ein Kind ein pathologischer Linkshänder ist, ist nicht immer einfach. Nur weil man in der direkten Verwandtschaft keinen Linkshänder hat, sollte man nicht automatisch annehmen, die Linkshändigkeit des Kindes sei pathologisch. Vererbte Linkshändigkeit muss nicht in jeder Generation erscheinen. Vielleicht war Ihre Ur-Urgroßmutter linkshändig und hat sich – den Erwartungen der Zeit folgend – so gut angepasst, dass niemand mehr davon weiß. Vielleicht müssten Sie weit in der Familiengeschichte zurückgehen, um einen Linkshänder zu finden, dessen Gen in Ihrem Kind wieder zum Vorschein kommt.

Zahlen und Fakten

- Über 50 % der Linkshänder wissen nicht, ob es in der lebenden Verwandtschaft noch andere Linkshänder gibt.

- Etwa 75 % der Linkshänder haben zwei rechtshändige Elternteile und nur 2 % haben zwei linkshändige Elternteile. (Obwohl die Wahrscheinlichkeit für ein linkshändiges Paar mehr als doppelt so hoch ist, ein linkshändiges Kind zu bekommen als ein rechtshändiges, haben diese Paare – da sie selbst nur 1 % der Bevölkerung ausmachen – nur einen winzigen Anteil an den linkshändigen Kindern.)

- Im Durchschnitt sind zwischen 7 und 8 von 10 Kindern, die von einem linkshändigen Elternpaar geboren werden, rechtshändig.

Die Zahlen stammen aus den Untersuchungen, die Professor McManus in seinem Buch veröffentlicht hat, sowie von Befragungen unter den Mitgliedern des Linkshänder-Clubs (siehe S. 6 und 121).

Wenn Ihr Baby ständig die linke Hand zum Mund führt, ist es wahrscheinlich linkshändig.

Grade der Händigkeit

Es gibt ein breites Spektrum lateraler Präferenzen. Es geht von denen, die stets dieselbe Hand für Handgriffe benutzen, die nur eine Hand erfordern, bis zur tatsächlichen Beidhändigkeit *(Ambidextrie)* von Menschen, die alles gleich gut mit der rechten wie mit der linken Hand tun können.

Links, rechts oder abwechselnd?

Vereinfacht gesprochen ist ein Linkshänder jemand, der mit der linken Hand schreibt, denn das Schreiben ist eine der kompliziertesten Tätigkeiten, die wir ausführen, und erfordert große Genauigkeit. Deshalb ist es ein guter Grad- ,messer für die feinmotorischen Fähigkeiten und die Koordination der Bewegungen der Hand.

Wissenschaftlich gesehen sind Linkshänder Menschen, die folgende Fragen mit Ja beantworten:

- Schreiben Sie mit der linken Hand?
- Benutzen Sie für die meisten schwierigen Tätigkeiten bevorzugt die linke Hand?
- Ist ihre linke die geschicktere oder besser geübte Hand? (Das kann man messen, indem man einhändige Tätigkeiten zum Vergleich abwechselnd mit beiden Händen ausführt und die Zeit misst (z. B. die Stifte eines Steckspiels in die vorgesehenen Löcher stecken)

Berühmte linkshändige Sportler

- **Tennis:** Björn Borg, Martina Navratilova, Jimmy Connors, John McEnroe, Greg Rusedski, Goran Ivanisevic
- **Fußball:** Diego Maradona, Andreas Herzog, Pelé, Toni Polster
- **Tischtennis:** Jörg Rosskopf, Timo Boll
- **Golf:** Bob Charles, Phil Mickelson

Dass wir mit einer Hand schreiben, heißt aber noch nicht, dass wir sie auch sonst überwiegend benutzen. Viele, die mit der linken Hand schreiben, bevorzugen für andere Tätigkeiten die rechte Hand, ebenso wie es Menschen gibt, die mit der rechten Hand schreiben, es für eine Reihe von Tätigkeiten aber bequemer finden, ihre linke Hand zu benutzen, sie sind »wechselhändig«. Nur etwa 1 % der Menschen kann mit links ebensogut wie mit rechts schreiben.

Mit der Tatsache, dass es die eindeutig einseitige und auch die wechselnde Bevorzugung einer Hand gibt, haben sich schon viele wissenschaftliche Studien beschäftigt und sich häufiger für die Folgen der Wechselhändigkeit oder die verschiedenen Abstufungen der Händigkeit intessiert, als für den einfachen Unterschied zwischen Rechts- und Linkshändern.

Laterale Präferenzen anderer Organe

Wir haben nicht nur eine Hand, die wir bevorzugt benutzen, ebenso ist es mit den Augen, Ohren und Füßen. Man glaubt, dass »Linkssichtigkeit« für den Erfolg vieler linkshändiger Sportler in Sportarten wie Tennis, wo es auf die Hand-Auge-Koordination ankommt, zurückzuführen ist. Ebenso vermutet man, dass Linkshänder besonders begabt für Kampfsportarten wie Fechten sind.

Sich kreuzende laterale Präferenzen

Das ist der Fall, wenn jemand z. B. linkshändig, aber rechtssichtig ist, was Koordinationsprobleme geben kann. Eine sich kreuzende Präferenz von Hand und Auge mag in Sportarten wie Tennis manchmal dazu führen, dass das Sehfeld eingeschränkt ist. Andererseits kann es ein Vorteil bei Laufspielen wie Hand- oder

Finden Sie heraus, welches Auge Sie bevorzugen!

Um herauszufinden, welches Auge Sie bevorzugen, strecken Sie den Arm geradeaus und zeigen auf einen kleinen Gegenstand, der sich in einiger Entfernung vor Ihnen befindet, sodass der Finger direkt darauf deutet. Schließen Sie jetzt ein Auge. Wenn der Finger nun immer noch direkt auf den Gegenstand zeigt, ist das jetzt offene Auge das bevorzugte. Zeigt der Finger nun deutlich neben den Gegenstand, ist das offene Auge nicht Ihr bevorzugtes.

Basketball sein, weil sich der Körper besser im Gleichgewicht halten kann.

Kleinkinder scheinen sich kreuzende laterale Präferenzen zu haben bevor sich eine Präferenz für eine Hand herausbildet. Man muss anmerken, dass Linkshändigkeit, sich kreuzende laterale Präferenzen oder Beidhändigkeit nicht die Ursachen von Lernschwierigkeiten wie Lese- oder Rechenschwäche oder ADHD sind, wie man uns manchmal glauben machen will, obwohl sie zusammen vorkommen können. Hat Ihr Kind eine Lernschwäche, ist es sehr unwahrscheinlich, dass dies damit zusammenhängt, dass es links- oder beidhändig ist. Deshalb ist es wichtig, dass Sie den wahren Grund dafür herausfinden.

Motorische Fähigkeiten

Welche Hand oder welchen Arm das Kind benutzt, hängt bei Wechselhändigkeit oft davon ab, ob die Bewegung eine grob- oder feinmotorische ist. Grobmotorisch werden die starken Muskelgruppen von Armen und Beinen bewegt. Die Feinmotorik braucht das Kind, um z. B. kleinere Objekte aufzunehmen. Ist die Muskulatur auf der rechten Seite stärker, wird diese Seite für grobmotorische Bewegungen eingesetzt, die linke Hand braucht es dann für Tätigkeiten, die mehr Geschicklichkeit erfordern, wie z. B. Schreiben.

In vielen Sportarten haben Menschen, die bevorzugt die linke Hand oder das linke Bein benutzen, Vorteile.

Verbindungen im Kopf

Die beiden Gehirnhälften sind durch die Nerven des Corpus callosum miteinander verbunden (s. Seite 18), so dass sie Informationen austauschen können. Diese Nervenautobahn ist bei den einzelnen Menschen verschieden groß und Forscher glauben, dass dies direkten Einfluss darauf hat, wie effektiv die beiden Gehirnhälften sich miteinander austauschen können.

Der Stroop-Effekt

Der »Stroop-Effekt« ist ein Phänomen, das durch einen Test nachgewiesen werden kann: Farbnamen werden in verschiedenen Farben gedruckt und Versuchspersonen müssen den Namen der Farbe, in der das Wort gedruckt ist, nennen. Dies gelingt schneller, wenn Farbname und Druckfarbe übereinstimmen.

Einige Forscher benutzen diesen Test, um die Stärke der Interaktion zwischen den Gehirnhälften nachzuweisen. Die Aufgabe verlangt, dass man eine der Antworten des Gehirns unterdrückt, und eine andere »durchlässt«.

Das Lesen wird als Funktion der linken Gehirnhälfte betrachtet, während das Erkennen von Farben eine Fähigkeit der rechten Gehirnhälfte ist. Einige Forscher glauben, dass Menschen mit ausgeprägter Wechselhändigkeit bei solchen Tests schlechter als andere abschneiden, weil ihre beiden Gehirnhälften so schnell mit dem Erkennen fertig sind, dass sich das Lesen mit dem Erkennen der Farbe überlagert.

Diese Abstufung der »Händigkeit« wird auch als Kennzeichen benutzt, um festzustellen, wo jemand sein Sprachzentrum hat. Während das Sprachzentrum bei den meisten Menschen in

Damit sie nicht mit den Ellenbogen aneinanderstoßen, sollt man Links- und Rechtshänder die Plätze tauschen lassen.

Ein »Linksfüßer« steht auf dem linken Bein und hält den rechten Fuß zum Schuhanziehen hin.

der linken Gehirnhälfte liegt, ist es bei 30 % der Linkshänder über beide Gehirnhälften verteilt. Das könnte ihnen einen Vorsprung geben, ihre Gedanken, Gefühle und Ideen mit Worten auszudrücken.

Andere Linkshänder – andere Probleme

Wer mit linkshändigen Kindern zu tun hat, sollte wissen, dass es verschiedene Grade der Bevorzugung einer Hand gibt. Man darf nicht voraussetzen, dass alle Linkshänder mit den gleichen Aufgaben Schwierigkeiten haben. Einer der häufigsten Fehler, den linkshändige Erwachsene machen, ist, dass sie manche Schwierigkeiten von linkshändigen Kindern nach dem Muster als unwichtig abtun: »Ich bin auch Linkshänder und ich hatte damit nie Schwierigkeiten.«
Wenn sich viele Eltern damit beruhigen, dass der Lehrer ihres Kindes ebenfalls Linkshänder ist, so kann gerade dies auch wieder Probleme verursachen. Wenn der Lehrer wechselhändig ist, schreibt er vielleicht mit links, kann die rechte Hand aber bequem zum Schneiden benutzen und wird Scheren für Linkshänder als unnötig betrachten.

Wie linkshändig sind Sie?

Wir alle wissen, mit welcher Hand wir schreiben, aber wie weit geht diese Einseitigkeit? Welches Ohr benutzen wir bevorzugt und welchen Fuß? Sind wir wechselhändig oder sitzt all unsere Geschicklichkeit auf einer Seite? Mit diesem einfachen Test können Sie das für sich und die Ihre Familie herausfinden.

Zehn Fragen:

1 Es juckt Sie in der Mitte des Rückens. Mit welcher Hand kratzen Sie sich?

2 Falten Sie die Hände. Welcher Daumen ist oben?

3 Klatschen Sie in die Hände. Welche Hand ist oben?

4 Zwinkern Sie jemandem zu. Welches Auge zwinkert?

5 Verschränken Sie die Hände hinter dem Rücken. Welche Hand hält die andere?

6 Jemand ruft Ihnen etwas zu, das Sie nicht verstehen können. Welche Hand legen Sie ans Ohr?

7 Zählen Sie mit einer Hand drei Finger an der anderen ab. Welche Hand benutzen Sie zum Zählen?

8 An welches Ohr halten Sie den Telefonhörer beim Telefonieren?

9 Machen Sie den Test auf Seite 25, um herauszufinden, welches Ihr bevorzugtes Auge ist.

10 Stellen Sie sich vor, ein Fußball rollt auf Sie zu. Mit welchem Fuß treten Sie zu, um den Ball möglichst weit wegzuschießen?

Durch diesen einfachen Test haben Sie wahrscheinlich entdeckt, dass Ihr Körper nicht ausschließlich eine Seite bevorzugt, auch wenn Sie bisher gedacht haben, Sie seien eindeutig links- oder rechtshändig. Nur ganz wenige Menschen tun alles, wonach hier gefragt wird, immer mit derselben Seite.

Die »Gestalt« ist das ganze Bild

Ihr Gehirn versucht stets, dem, was Sie sehen einen Sinn zu geben, indem es nach bekannten Mustern sucht und Bilder vervollständigt. Oft kombiniert es dabei früher erlernte Informationen mit dem, was zu sehen ist. Das Vervollständigen von Bildinformationen nennt man Gestaltbildung. Man glaubt, dass dies in der rechten Gehirnhälfte stattfindet (s. dazu den Test unten).

Das Dreieck, das es nicht gibt

Hier noch ein Beispiel, das zeigt, wie die rechte Gehirnhälfte Dinge erschaffen kann, die es gar nicht gibt. Wenn Sie auf dem rechten Bild ein weißes Dreieck sehen, das mit der Spitze nach oben zeigt, dann nur deshalb, weil Ihre rechte Gehirnhälfte in dieser Ansammlung von Winkeln und angeschnittenen Torten die »Gestalt« eines Dreiecks erkannt hat. In Wirklichkeit ist hier kein weißes Dreieck abgebildet.

Der Thurston-Handtest

Die Fähigkeit der rechten Gehirnhälfte (die bei Linkshändern dominiert), visuelle Eindrücke zu verarbeiten, hat großen Nutzen, denn mit ihr kann man dreidimensional »sehen«.
Im Thurston-Handtest wird danach gefragt, welche Bilder eine linke und welche eine rechte Hand darstellen. Die linke Gehirnhälfte wird bei der Lösung dieses Problems Unsicherheiten zeigen, aber die rechte Gehirnhälfte kann die Bilder in der Vorstellung im Raum drehen, um die richtige Antwort zu finden. Deshalb werden die meisten Linkshänder den Test einfacher finden als Rechtshänder. Versuchen Sie es einmal!

1

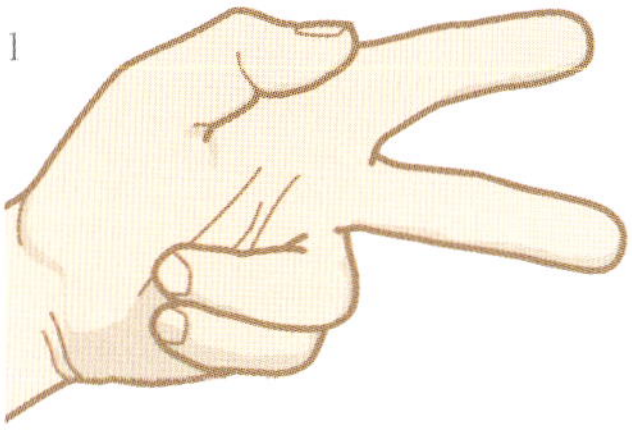

2

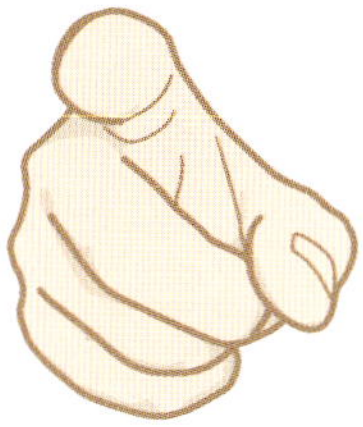

3

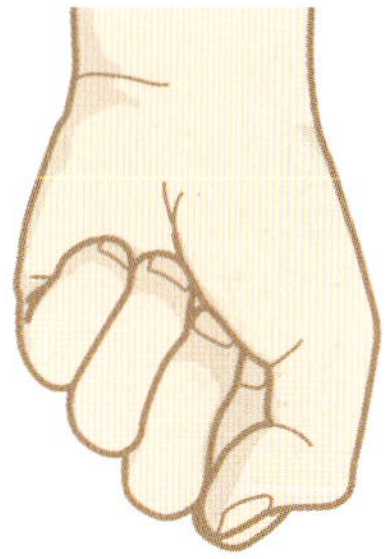

4

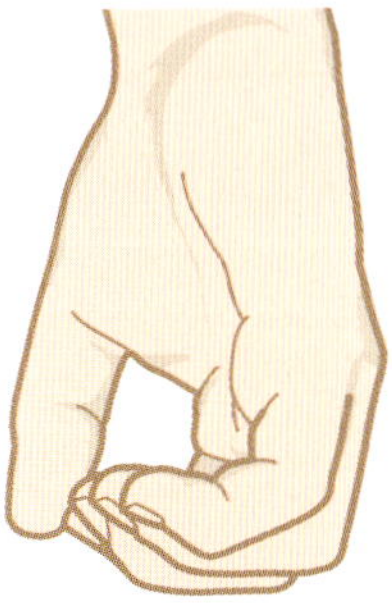

5

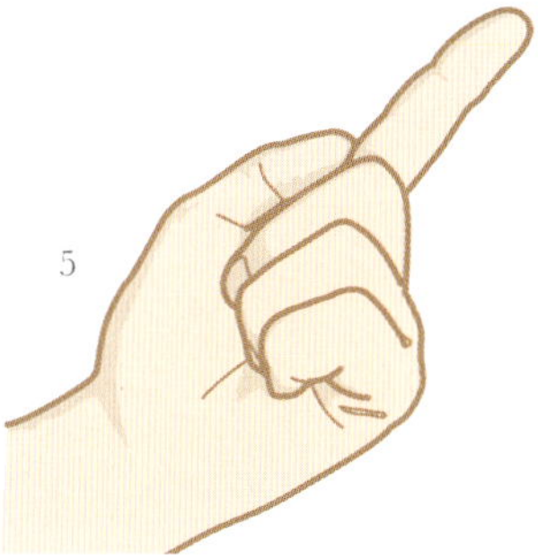

6

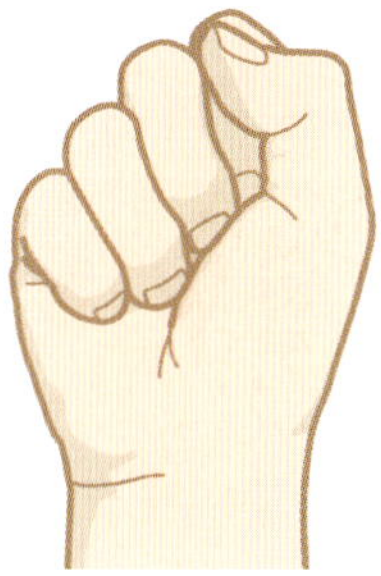

7

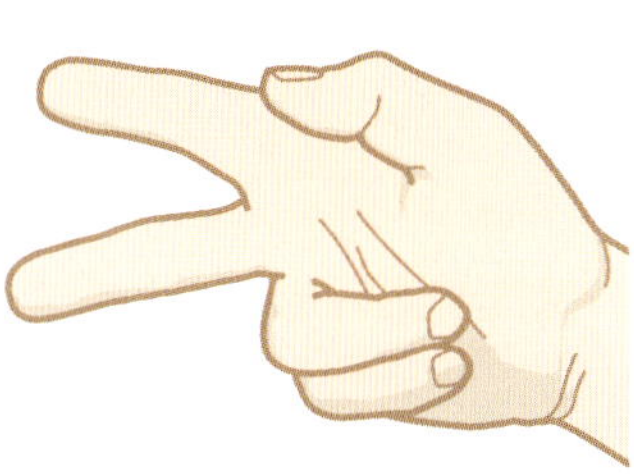

8

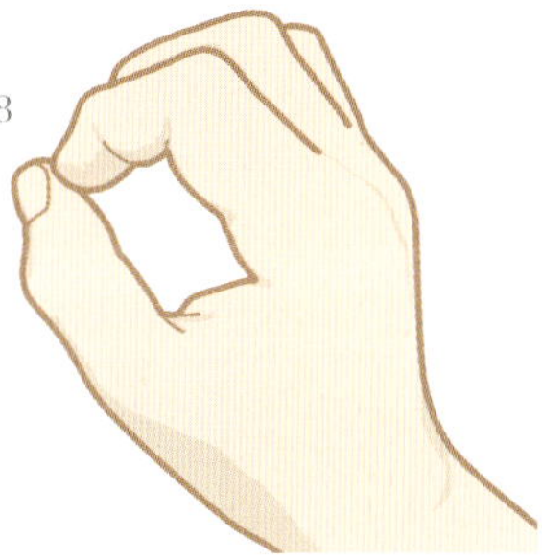

9

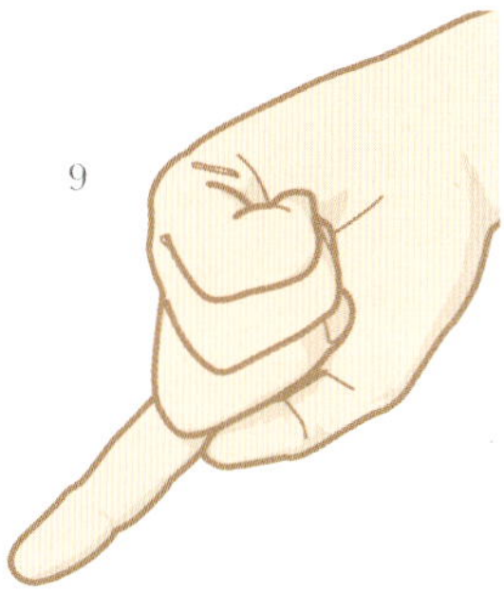

2

Die vorschulische Entwicklung

Babys und Kleinkinder

Eine der wichtigsten Entdeckungen, die Babys machen, wenn sie anfangen, ihre Umwelt zu erforschen, ist, dass sie vieles mit einer Hand bequemer und besser tun können als mit der anderen. Sie probieren aus, wie die Dinge sich anfühlen, wie sie »in der Hand liegen« und wie sie sich bewegen lassen. Damit testen sie, welche Hand sich für bestimmte Tätigkeiten am besten eignet.

Sorgen Sie für Spielzeug und Tätigkeiten, die Ihrem Kind bei der Koordination von Hand und Auge helfen.

Frühe Misserfolge vermeiden

Einige Babys bevorzugen beinahe von Geburt an eine Hand, doch bei vielen gibt es zunächst einen ständigen Wechsel von linkshändigen und rechtshändigen Aktionen. Das ist ganz normal, denn die Koordination von Hand und Auge und die Feinmotorik müssen sich erst entwickeln (siehe S. 24–25). Natürlich werden Sie diesen Prozess mit Interesse verfolgen: An welchem Daumen lutscht das Baby, mit welcher Hand nimmt es Dinge in den Mund und mit welcher hebt es Gegenstände vom Boden auf? Wenn Sie noch weitere Kinder haben, erinnern Sie sich vielleicht noch, wie es bei diesen war.

Da ich ein linkshändiges Kind habe, weiß ich, dass es aufregend und lustvoll für das Baby sein kann, seine Umwelt zu entdecken, aber auch frustrierend, wenn etwas nicht richtig funktioniert. In den ersten Jahren liebt das Kind Spiele und Tätigkeiten, die direkten, sichtbaren Erfolg versprechen, wiederholt sie immer wieder, verliert aber schnell das Interesse, wenn sich ein Misserfolg einstellt oder etwas nicht läuft wie es soll.

Wenn Sie den einfachen Tipps dieses Kapitels folgen, können Sie Ihrem Kind unnötige Hindernisse aus dem Weg räumen, so dass es seine ersten Erfahrungen mit Selbstvertrauen machen und seine Fähigkeiten erfolgreich entwickeln kann.

Ermutigen Sie Ihr Kind zunächst, dass es versucht beim Essen, beim Halten und Ablegen von Gegenständen beide Hände auszuprobieren, denn die Präferenz für eine Hand entwickelt sich erst langsam. Merken Sie aber, dass es die Linke bevorzugt, sorgen Sie für Dinge, die sich von Linkshändern gut benutzen lassen und mit denen das Kind positive Erfahrungen machen kann, die es wiederholen möchte.

Manche Babys sind bereits bei der Geburt eindeutige Linkshänder, sie saugen sogar im Mutterleib am linken Daumen.

Ist Linkshänder zu sein ein Problem?

Wenn Ihr Kind ein Linkshänder ist, brauchen Sie nicht besorgt zu sein, denn es ist damit nicht weniger intelligent oder geschickt als andere. Allerdings sollten Sie diese Tatsache immer berücksichtigen, wenn Sie es anleiten, etwas zu tun.

Schwierigkeiten treten auf, wenn es Dinge benutzt, die speziell für Rechtshänder gemacht sind, oder wenn es gezwungen ist, etwas in einer Haltung auszuführen, die für Rechtshänder bequem, aber für Linkshänder unvorteilhaft ist.

Wenn Eltern und Lehrer nicht gemerkt haben, dass das Kind ein Linkshänder ist oder nicht wissen, welchen Schwierigkeiten Linkshänder gegenüberstehen, müssen sich Kinder oft mit falschen Geräten oder Haltungen herumquälen.

Vielleicht ist Ihnen manches, von dem Sie in diesem Buch lesen, noch nie begegnet, einiges ist nur eine kleine Unbequemlichkeit, anderes kann sogar gefährlich sein. Doch alle Hindernisse lassen sich überwinden, entweder durch die richtige Technik, mit Geräten für Rechtshänder umzugehen oder durch das Benutzen von speziellen Werkzeugen für Linkshänder.

Linkshändigkeit ist erblich

Forschungen zeigen, dass die Bevorzugung der rechten oder linken Hand durch ein vererbtes Muster bestimmt wird (siehe S. 20). Mit der Entwicklung des Gehirns entwickelt sich auch die Koordination von Hand und Auge sowie die Feinmotorik und das Kind lernt, immer kompliziertere Aufgaben zu bewältigen.

Seine »Händigkeit« kann sich niemand aussuchen und es ist wichtig, dem Kind zu erlauben, für bestimmte Tätigkeiten die Hand zu benutzen, die es bevorzugt – auch wenn diese mit der Entwicklung der verschiedenen Fähigkeiten täglich wechseln sollte.

Ist mein Kind ein Linkshänder?

Obwohl es Babys gibt, die vom Tag der Geburt an Linkshänder sind (viele saugen sogar am linken Daumen), ist es im Kleinkindalter nicht ungewöhnlich, dass sie wechselnd beide Hände bevorzugen, da die Enttwicklung zur »Einhändigkeit« in Schüben stattfindet.

Individuelle Unterschiede

Bei den meisten Babys lässt sich vor dem 7. bis 9. Monat keine eindeutige Bevorzugung einer Hand erkennen. Mit etwa 18 Monaten benutzen die meisten vorzugsweise dieselbe Hand. Doch ist es auch nicht ungewöhnlich, dass Kinder von 3 oder 4 Jahren noch keine Präferenz für eine Hand zeigen.

Manchmal zeigt sich Linkshändigkeit sehr früh.

Man kann sagen, dass die Bevorzugung einer Hand umso ausgeprägter ist, desto früher sie sich zeigt. Es kann sein, dass ein Kind zunächst keine ausgeprägte Handpräferenz hat und diese erst später mit zunehmender Zahl der manuellen Aufgaben ausbildet, wenn sich Gehirn und Hand-Auge-Koordination entwickeln, da es von Natur aus beide Hände gleich gut gebrauchen kann. Die meisten Kinder haben aber mit fünf Jahren eine bevorzugte Schreibhand, obwohl die Entwicklung des Gehirns noch nicht abgeschlossen ist. Auch die Handpräferenz entwickelt sich noch bis zum 9. Lebensjahr weiter.

Frühe Hinweise

Haben Kinder, wenn sie in den Kindergarten kommen, noch keine eindeutige Handpräferenz, dann achten Sie auf folgende Anzeichen:

- Mit welcher Hand greift das Kind nach Spielzeug und Stiften, die direkt vor ihm liegen?
- Mit welcher Hand isst es?
- Mit welcher Hand rührt es (z. B. beim »Kuchen backen«)? Linkshänder rühren normalerweise gegen den Uhrzeigersinn.
- Wie zeichnet das Kind? Wenn sie zeichnen oder das Schreiben nachahmen, führen Linkshänder den Stift meistens von rechts nach links vom Körper weg.
- Wie benutzt das Kind Spielzeug und Geräte? Linkshänder versuchen Gegenstände gegen den Uhrzeigersinn zu drehen oder ein Aufziehspielzeug im Gegensinn aufzuziehen.
- Welches Bein benutzt das Kind, wenn es auf einem Bein hüpft oder steht? Linkshänder stehen auf dem linken Bein sicherer.
- Mit welcher Hand putzt sich das Kind die Zähne oder kämmt sich das Haar?

Linkshänder drehen normalerweise gegen den Uhrzeigersinn und müssen bei Aufziehspielzeugen »umschalten«.

Ihr Kind beim Fangen und Werfen zu beobachten, gibt nicht immer einen eindeutigen Hinweis auf seine Hand-Präferenz, denn an dieser Aufgabe sind die Handdominanz und die Dominanz des Auges beteiligt (siehe »Sich kreuzende laterale Präferenzen« S. 24).

Egal, welche Hand ihr Kind bevorzugt, lassen Sie der natürlichen Entwicklung ihren Lauf. Das Kind wird immer die Hand benutzen, die – beim jeweiligen Entwicklungsstand seines Gehirns – für die Aufgabe besser geeignet ist. Jeder Zwang, eine bestimmte Hand zu benutzen, schadet ihm.

Hätten Sie das gewusst?

Links kommt vom Mittelhochdeutschen *linc* oder *lenc,* das schlaff oder matt bedeutet. Es bezeichnet also die normalerweise schwächere Hand oder Seite des Körpers. Die rechte Seite ist der Wortbedeutung nach die »richtige« Seite, also musste die linke die »falsche« sein. Dies ist ein Beispiel, wie Diskriminierung schon in die Begriffsbildung der Sprache einfließt.

Umerziehung zum Rechtshänder?

Sollen Sie Ihren Kind beibringen, welche Hand es wozu benutzen darf? Auf keinen Fall! Welche Hand es bevorzugt, ist in seinem Gehirn festgelegt. Dies kann und soll nicht »umerzogen« werden. Die geschicktere Hand kann sich besser mit dem Gehirn vernetzen. Das hilft beim Schreiben wie bei der Entwicklung des Sprachvermögens.

Falsches Denken

Sollen linkshändige Kinder eine Tätigkeit mit rechts ausführen, so müssen sie ihre schwächere und schlechter mit dem Gehirn vernetzte Hand benutzen. Das macht sie unnötig unbeholfen, uneffektiv und schneller müde. Kinder zu zwingen, ihre weniger geschickte Hand zu benutzen, ist nicht nur grausam, sondern auch nachteilig für sie. Sie brauchen für das Ergebnis mehr Übung und Konzentration und empfinden die Aufgabe als weni-

Versuchen Sie nicht, Ihr linkshändiges Kind umzuerziehen. Helfen Sie ihm, seine bevorzugte Hand effektiv zu nutzen.

ger lustvoll und belohnend, weil sie sich dabei für unfähiger halten müssen als sie sind.

Leider gibt es immer noch Erwachsene, die versuchen, Linkshänder umzuerziehen, meist aus einem der folgenden Gründe:

- Tradition oder Gewohnheit
- Religiöse oder ideologische Vorschriften
- Faulheit
- Dummheit
- Soziale oder familiäre Vorurteile
- Der falsche Glaube, dass es für das Kind praktischer sei

Schädliche Folgen der Umerziehung

Mit der Hand-Präferenz für eine bestimmte Tätigkeit ändert sich nichts an der Dominanz der dafür zuständigen Gehirnhälfte. Man belastet die nicht dominierenden Hälfte mit Aufgaben, für die sie nicht ausgerüstet ist. Dr. Johanna Barbara Sattler, Psychotherapeutin und Kinderpsychologin, hat umerzogene Linkshänder in deutschen Schulen untersucht und eine Reihe von Büchern veröffentlicht. Sie fand heraus, dass am komplexen Prozess des Schreibens eine Vielfalt von Gehirnfunktionen beteiligt ist: Feinmotorik, Sprache, bildliches Vorstellungsvermögen, das Erkennen von grafischen Zeichen sowie das Erinnern und Wiederaufrufen von Erlerntem. Deshalb kann das Umerziehen der lateralen Präferenz zu folgenreichen Entwicklungsstörungen führen. Das können sein:

- Gedächtnisstörungen (besonders beim Wiederaufrufen von Gelerntem)
- Konzentrationsstörungen (schnelles Ermüden)
- Rechtschreibschwäche
- Räumliche Fehlorintierung (Unsicherheit über rechts und links)
- Feinmotorische Störungen, die sich in der Handschrift zeigen
- Sprachstörungen (z. B. Stottern)

Die Verletzungen, die Selbsteinschätzung und Selbsbewusstsein des Kindes durch Umerziehung zum Rechtshänder erfahren, zeigen sich auf mannigfache Weise:

- Minderwertigkeitskomplexe
- Unsicherheit
- Introvertiertheit
- Überkompensation durch gesteigerte Selbstdarstellung
- Widerspruchsgeist und provokatives Verhalten (z. B. der Klassenclown in der Schule und der zwanghafe Besserwisser als Erwachsener)
- Bettnässen und Nägelbeißen
- Emotionale Probleme im Erwachsenenalter mit neurotischen und/oder psychosomatischen Symptomen
- Störungen des Persönlichkeitsprofils

Umerziehung hat sich überlebt!

Glücklicherweise ermahnen heute nur noch wenige Lehrer ihre Schüler, beim Schreiben nicht die »falsche« Hand zu benutzen, wie es zu Beginn des letzten Jahrhunderts gang und gäbe war. Allerdings wurde diese Praxis noch lange verfolgt und noch in der Generation unserer Großeltern trifft man Erwachsene, die gezwungen wurden, mit der rechten Hand zu schreiben.

Allerdings haben die meisten inzwischen erkannt, wie unnötig, grausam und schädlich für ein Kind dieser Zwang, sein kann, der auf Vorurteilen, Abergauben und Dummheit beruht.

Das Zutrauen stärken

Auch wenn man Linkshänder »dressiert«, eine bestimmte Tätigkeit mit der rechten Hand auszuüben, bleiben sie doch von Natur aus Linkshänder in allem anderen. Linkshändigkeit ist Teil der Persönlichkeit, keine Neigung oder Gewohnheit, die man unterdrücken kann. Linkshänder können viele Hindernisse überwinden, die ihnen in einer Welt von Rechtshändern begegnen, wenn sie Rücksicht und sanfte Ermutigung erfahren. Dann werden sie das Zutrauen haben, die Welt des Sports, der Musik und der Kunst für sich zu entdecken, in der sie es oft zu Höchstleistungen bringen und dadurch Anerkennung ernten.

Kleinkindern im Alltag helfen

Mit nur ein klein wenig Überlegung können Sie Ihrem Kleinkind schon bei seinen täglichen Aufgaben helfen. Wenn Sie einfach einmal darauf achten, wie verschieden Linkshänder an Tätigkeien wie das Anziehen oder Essen herangehen, erkennen Sie leicht, wie Sie ihm helfen können, ohne es zu behindern. So lernt das Kind, diese Dinge später auf die für es selbst richtige Weise zu tun.

Das Essen

Viele glauben, dass das Essbesteck für Linkshänder bei Tisch vertauscht werden muss, aber oft ist dies nicht nötig. Nach Studien der »Left-Handers' Association« vertauschen Linkshänder sehr selten das Messer mit der Gabel. Meist essen sie ständig mit der linken Hand und benutzen dazu die Gabel. Allerdings nehmen sie gewöhnlich auch den Dessert- oder Suppenlöffel in die linke Hand. Interessant ist, dass Menschen mit stark ausgeprägter Rechtshändigkeit es erst lernen müssen, die Gabelhand zu wechseln, wenn sie anfangen mit Messer und Gabel zu essen, da sie als Kind die Gabel in der rechten Hand halten durften.

Wenn Linkshänder auf Messer und Gabel »umsteigen«, wechseln manche mit der Gabel in die rechte Hand, wenn sie mit dem Schneiden rechts Schwierigkeiten haben. Dabei helfen Messer mit richtig angebrachtem Wellenschliff.

Man muss damit rechnen, dass Linkshänder manchmal nach dem Glas ihres linken Tischnachbarn greifen. Auch kann es häufig zum Aneinanderstoßen der Ellenbogen kommen, wenn ein Rechtshänder, der links von einem Linkshänder sitzt, Suppe löffelt oder mit Essstäbchen isst.

In der Küche

Wenn Sie Ihren kleinen Linkshänder bei seinen ersten Versuchen etwas zu mischen oder einzugießen anleiten, sollten Sie alles Nötige links von ihm hinstellen, um Überschemmungen zu vermeiden. Denken Sie auch daran, dass das Kind wahrscheinlich gegen den Uhrzeigersinn rührt und den Löffel in die linke Hand nimmt. Wenn Sie hinter ihm stehen und ihm helfen, machen Sie es ebenso.

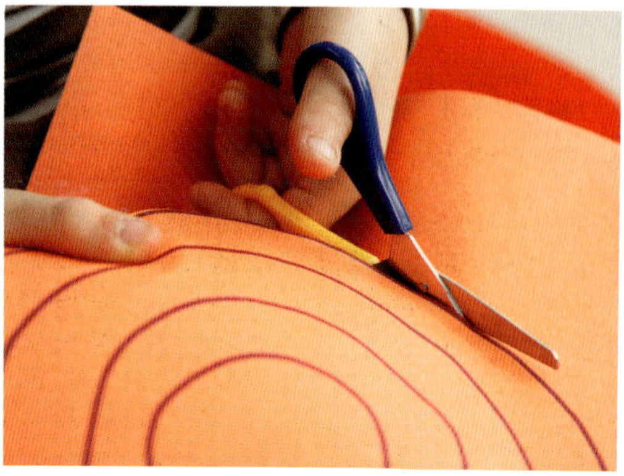

Mit einer Linkshänderschere schneidet man im Uhrzeigersinn.

Formen ausschneiden

Wenn Ihr Kind als Linkshänder vorzugsweise die linke Hand benutzt, stellen Sie sicher, dass es eine gute Linkshänderschere hat, wenn es ans Ausschneiden von Formen geht. Denken Sie daran. Es gibt keine »Universalscheren«, die für alle, Rechts- wie Linkshänder, gleich gut geeignet sind. Achten Sie darauf, in welcher Richtung das Kind schneidet. Am besten für Linkshänder ist es, das Ausschneiden einer Form in der linken unteren Ecke zu beginnen, an der linken Seite aufwärts fortzufahren und die Form im Uhrzeigersinn zu umrunden. Drehen sollte man dabei den Bogen und nicht die Schere. Mit einer »normalen« Schere hat Ihr Kind eventuell rechts angefangen und das Papier gebogen, um über das Scherblatt zu sehen, das die Schnittlinie verdeckt. Erklären Sie ihm, dass dies mit seiner eigenen Linkshänderschere nicht nötig ist. Näheres über Scheren und ihren richtigen Gebrauch siehe S. 60.

Das Anziehen

- Beim Anziehen von Hosen, Schuhen oder Strümpfen werden Sie feststellen, dass Linkshänder meist den rechten Fuß zuerst hinhalten, weil sie auf dem linken standfester sind. Wenn Sie beim Anziehen helfen, halten Sie also den rechten Strumpf oder Schuh bzw. das rechte Hosenbein zuerst bereit.

- Achten Sie darauf, dass alle Kleidungsstücke an beiden Seiten Taschen haben, denn haben sie nur eine, ist diese wahrscheinlich rechts.

- Knoten und Schleifen binden, kann für den kleinen Linkshänder schwierig sein, wenn er versucht, Ihr rechtshändiges Schleifenbinden nachzumachen. Stellen Sie sich dem Kind gegenüber. Dann können Sie ganz einfach zeigen, wie Schleifen gebunden werden, denn das Kind sieht, was Sie tun, spiegelverkehrt. (Auf S. 72 finden Sie eine Schritt-für-Schritt-Anleitung für das linkshändige Binden.)

- Knabenkleidung wird rechts über links geknöpft. Mädchenkleidung umgekehrt, sie ist dadurch für Linkshänder bequemer zuzuknöpfen. Diese Tradition stammt aus einer Zeit, als Damen von ihren Zofen (die eher rechtshändig waren) angezogen wurden. Das Zuknöpfen musste für die Zofe bequem sein, nicht für die Trägerin.

- Der gleichen Konvention folgen die Reißverschlüsse an Hosen. Doch inzwischen sind in manche Mädchenhosen die Reißverschlüsse genauso eingenäht wie in Knabenhosen. Linkshändige Mädchen haben es also nicht immer einfacher.

Welchen Fuß bietet das Kind zum Anziehen an?

Vorstufen des Schreibens

Wenn Kinder mitbekommen, dass Geschriebenes eine Bedeutung enthält, fangen sie mit etwa vier Jahren an, das Schreiben spielerisch nachzuahmen. Davor freuen sie sich an den leuchtenden bunten Formen, die sie auf dem Papier hervorbringen. Jede Annäherung des Kindes an Stifte oder Pinsel und Farben sollten Sie ermutigen.

Fingerbilder

Mit Fingerfarben können Kinder wunderbar ausprobieren, wie sie mit ihren Händen unterschiedliche Formen erzeugen. Veränderungen von Druck und Bewegung der Hand beeinflussen das Ergebnis. Das Kind lernt, dies zu kontrollieren und gezielt einzusetzen. Legen Sie reichlich Zeitungspapier als Unterlage aus und lassen Sie das Kind frei am Küchentisch »schaffen«.

Kleinkinder werden am Anfang alle Finger und beide Hände ausprobieren wollen, doch bald tauchen sie nur einen Zeigefinger in die Farbe und schaffen damit ihr »Meisterwerk«. Ermutigen Sie das Kind, große Kreise, Spiralen und Wellenlinien zu zeichnen. Das trainiert die Handkontrolle und ist eine gute Vorübung für das Schreiben. Nehmen Sie aber auf keinen Fall Einfluss darauf, mit welcher Hand das Kind arbeitet. Es ist in diesem Stadium ganz normal, dass es beide abwechselnd gebraucht. Ermuntern Sie Ihr Kind, darüber zu reden, was es zeichnet. Das regt die Verbindung von Sprache und Handbewegung an.

Lassen Sie dem Kind alle Möglichkeiten offen

Stellen Sie Stifte, Spielzeug und sonstige Utensilien immer so vor Ihr Kind, dass es mit jeder Hand alles gleich gut erreichen kann. Machen Sie sich nichts daraus, wenn es bei den ersten Mal- und Zeichenversuchen die Hand öfter wechselt.

Ebenfalls großen Spaß macht es den Kindern, in eine Sandkiste Bilder und Muster zu zeichnen. Dabei benutzten sie den ausgestreckten Zeigefinger, die übrigen Finger bilden eine entspannte Faust. Das ist ein idealer Vorläufer des Schreibens, denn auch beim Schreiben in richtiger Handhaltung steuert der Zeigefinger die Bewegung des Stifts auf dem Papier, während die anderen Finger den Stift halten und Unterstützung leisten. Versuchen Sie dem Kind behutsam beizubringen, dass es seine Hand besser unterhalb des Zeichenfingers, Pinsels oder Stifts hält als daneben oder darüber.

Dreikantstifte

Besorgen Sie dicke Kreiden und Pinsel und übergroße Stifte und Marker. Feine dünne Schäfte lassen sich von kleinen Händen nicht gut führen.

Von vielen Herstellern gibt es inzwischen Stifte mit dreikantigen Schäften, die besser in der Hand liegen als runde oder sechseckige. Mit Ihnen können besonders Linkshänder den Stift gut zwischen Daumen und Zeigefinger halten, während die dritte Seite auf dem Mittelfinger ruht. Diese Handhaltung wird später beim Schreiben von Buchstabenfomen sehr nützlich sein. Linkshänder müssen den Stift über die Seite *schieben* und jeder andere Griff würde dazu führen, dass sie die Schrift mit der Hand verwischen. Wie man als Linkshänder am besten schreibt, ist in Kapitel 3 auf den Seiten 54–59 ausführlich beschrieben.

Die richtige Handhaltung muss erst eingeübt werden. Linkshänder nehmen ihren Zeichenstift oft erst einmal in die Faust oder benutzen am Anfang alle Finger gleichzeitig. Sie müssen also, je nachdem wie schnell Ihr Kind Kontrolle über

Lassen Sie Ihr Kind experimentieren: mit Fingerfarben, dem Pinsel und farbigen Stifen

Drei Finger halten Pinsel oder Stift.

die Bewegungen seiner Hand gewinnt, schrittweise an diese Haltung herangeführt werden. Schreiben oder zeichnen Sie z. B. selbst etwas mit der linken Hand (egal wie das Ergebnis aussieht) und fordern Sie Ihr Kind auf, den Stift genauso anzufassen wie Sie. Loben Sie es und korrigieren Sie nur behutsam, damit Ihr Kind nicht zu früh die Lust am Schreiben verliert.

Flüssige Bewegungen

Schaffen Sie Ihrem Kind soviel Gelegenheiten und Platz wie möglich, um auf großen Bogen zu zeichnen. Ideal ist eine Staffelei, eine Tafel oder auch der Fußboden. Die Staffelei sollte so hoch sein, dass das Kind etwas über Schulterhöhe zeichnet, sein Standpunkt ist rechts, so dass der linke Arm quer über das Blatt reicht. Ermutigen Sie das Kind zu großen schwungvollen Bewegungen. Kreisformen und Spiralen, die zu Buchstabenformen hinführen, sind ebenso gut wie rhythmische Auf- und Ab- sowie Vor- und Zurückbewegungen quer über das Blatt. Stellen Sie Musik an, und lassen Sie Ihr Kind im Rhythmus zeichnen. Bei rhythmischer Bewegung wird das Gezeichnete flüssiger. Deshalb sollte auch schnell gezeichnet werden. Gehen Sie über zu Wellen, Wolken, Eisenbahnschienen oder anderen Figuren, die Elemente von Buchstaben enthalten.

Die Richtung der Formen

Sie werden beobachten, dass Ihr Linkshänder Kreise oft gegen den Uhrzeigersinn zeichnet und waagerechte Linien von rechts nach links. Die Hand kehrt bei dieser Bewegung an die linke Körperseite zurück. Der Stift wird *gezogen,* nicht geschoben und läuft leichter über das Papier. Die so geübten gezeichnete Einzelformen und kurzen Linien sind später Bestandteile einer geneigten Handschrift. Wenn dann Ihr Kind Fortschritte beim Zeichnen von Formen macht oder Geschriebenes nachahmt, können Sie ihm erklären, dass richtige Wörter von rechts nach links geschrieben werden. Das ist für Linkshänder eine unnatürliche Richtung und muss mit der Zeit eingeübt und zur Gewohnheit werden.

Für Linkshänder ist es auch ganz natürlich, rechts auf dem Blatt zu beginnen und nach links weiterzuschreiben, wobei sie oft genaue Spiegelbilder der Buchstaben bilden, die sie auch gut lesen können. Ein kleiner Klebepunkt oder ein gezeichnetes Sternchen in der linken oberen Ecke des Blattes markiert den Anfangspunkt und stellt eine Hilfe dar. Auf die richtige Schreibrichtung können Sie bei Gelegenheit auf manche Art hinweisen: Finden Sie interessante Zeichen und Anzeigen, spielen Sie Wortbildungsspiele und lassen Sie das Kind mit dem Finger den Zeilen folgen, wenn sie ihm vorlesen.

Erste Schreibversuche

Obwohl es nicht notwendig ist und auch nicht geraten wird, allzuviel mit Kindern zu arbeiten, ehe sie zur Schule gehen, kann es später eine große Hilfe sein, wenn das Kind von einem entspannten und engagierten Erwachsenen behutsam an die Grundlagen des Schreibens herangeführt wird. Das vermittelt Freude am Rhythmus der Schreibbewegung, und dem Kind macht es Spaß, Zeichen und Formen zu erfinden. Die Hauptpunkte, woran Sie bei solchen Zeichenspielen zu Hause arbeiten können, sind:

- Den Stift nicht zu fest halten
- Ihn lieber zwischen Daumen und Zeigefinger halten als in der Faust
- Der Bogen sollte etwas links vom Körper liegen und nach rechts geneigt sein.
- Zeichnungen und Muster sollten von links nach rechts laufen.

Es ist wichtiger, sich auf die Fähigkeiten zu konzentrieren, die dem Schreiben vorausgehen, als zu versuchen, einem Kind, das noch nicht so weit ist, Schreiben und Lesen beizubringen. Wenden Sie sich also dem Thema nur zu, wenn das Kind Interesse zeigt und lernwillig ist. Machen Sie auf keinen Fall eine Pflicht daraus! Üben Sie am Anfang nur ein paar Minuten und gehen Sie bei den ersten Zeichen von Stress auf etwas anderes über.

Spielzeug und Spiele

Ihr Kind hat nicht nur eine Hand, die für vieles geschickter ist als die andere, das Phänomen gilt für alle Teile des Körpers. Die Auswirkungen davon, eine geschicktere linke Hand, aber dagegen einen geschickteren rechten Fuß oder ein besseres rechtes Auge zu haben, zeigen sich in einigen Sportarten.

Vor-und Nachteile von sich kreuzenden lateralen Präferenzen

Jeder hat ein besseres Auge oder Ohr, einen geschickteren Fuß oder eine geschicktere Hand. Allerdings nicht immer auf derselben Seite. Auf Seite 24 haben wir das sich kreuzende laterale Präferenzen genannt. Es kann nicht überraschen, dass eine solche Mischung der Präferenzen (z. B. linkshändig und »rechtsfüßig«) Vor- und Nachteile hat. Sich kreuzende laterale Präferenzen können zu Koordinationsproblemen führen, aber in manchen Sportarten auch von Vorteil sein.

Ihr Kind hat einen Fuß und ein Auge, das dominiert.

Es kann sein, dass Ihr Kind sich kreuzende laterale Präferenzen zeigt, bevor sich eine eindeutige Händigkeit herausbildet. Kreuzen sich die Präferenzen von Hand und Auge, beeinflusst das die Eignung für bestimmte Sportarten, besonders für solche, wo ein Schläger benutzt wird und das Gesichtsfeld manchmal eingeschränkt ist. Dann kann Ihr Kind unbeholfen erscheinen, aber berücksichtigen Sie, dass es sich vielleicht nur etwas mehr anstrengen muss, und helfen Sie ihm mit Geduld, die Schwierigkeit zu überwinden.

Jedes Kind entwickelt sich anders. Seien Sie nicht überrascht, wenn Ihr kleiner Linkshänder den Ball mit dem rechten Fuß wegkickt oder sogar die rechte Hand zum Fangen benutzt, obwohl er sonst durchweg linkshändig ist. Diese Inkonsequenz liegt oft eher am dominanten Auge als an Hand oder Fuß, denn einen Ball fangen oder

Links gegen rechts

Ihr kleiner Linkshänder hat beim Frisbeespielen einen geheimen Vorteil: Wenn er überwiegend mit Rechtshändern spielt, lernt er, eine Scheibe zu fangen, die sich im Uhrzeigersinn dreht. Aber Rechtshänder haben oft Schwierigkeiten, ein von einem Linkshänder geworfenes Frisbee zu fangen, denn das dreht sich gegen den Uhrzeigersinn, was sie nicht gewohnt sind.

richtig treffen hängt wesentlich von der Koordination von Hand und Auge ab. Deshalb sind manche linkshändig spielenden Cricket- oder Baseballasse in Wahrheit Rechtshänder, haben aber ein besseres rechtes Auge und können deshalb leichter mit der linken Hand fangen und werfen.

Meister-Linkshänder

Kinder, die »mit links« Sport treiben, sind in guter Gesellschaft. Man sagt, dass Linkshänder Vorteile in Sportarten haben, bei denen es auf schnelles Reagieren und gute räumliche Orientierung ankommt. Entfernungen abzuschätzen ist eine Funktion der rechten Gehirnhälfte und eine wichtige Fähigkeit beim Fechten (die Reaktionszeiten sind kurz, der Anteil der erfolgreichen Linkshänder groß) und beim Tennis, wo Linkshänder wie Navratilova, Connors, McEnroe, Ivanisevic, Lendl, Rusedski und andere Triumphe feiern konnten.

Viele Linkshänder lernen, verschiedene Tätigkeiten mit der anderen Hand auszuführen und manche Tennisspieler konnen mit beiden Händen schlagen.

Ein anderer Grund für den sportlichen Erfolg von Linkshändern ist, dass sie normalerweise gegen Rechtshänder antreten, die es nicht gewohnt sind, gegen Linkshänder zu spielen.

Spielend lernen

Eltern müsen daran denken, dass es für ihr Kind wichtig ist, nicht nur seine natürlichen Stärken, sondern alle seine Fähigkeiten zu entwickeln. Auf den Seiten 46–47 finden Sie Beispiele von klassischen Beschäftigungen und Lernspielen, die die natürlichen Stärken von linkshändigen Kindern wie Kreativität, Vorstellungskraft, räumliche Orientierung und dreidimensionales Vorstellungsvermögen direkt ansprechen. Gleichzeitig stärken sie die Koordination von Hand und Auge, Handgeschicklichkeit und Lesen und Schreiben, die sich oft langsamer entwickeln. Indem es seinen Spaß hat, stärkt das Kind auch seine logischen Fähigkeiten und das für das Lernen wichtige Sprachvermögen. Das alles fördert die Interaktion zwischen den beiden Gehirnhälften und damit die Entwicklung des Kindes.

Sorgen Sie für Spielzeug, das die Koordination von Hand und Auge fördert.

Griffe an Spielzeug sollten für beide Hände »richtig« sein.

Mosaik- und Steckspiele

Damit können Kinder mit Farben experimentieren und die Koordination von Hand und Auge sowie ihre Handgeschicklichkeit üben. Die bunten Steckstifte regen beim Komponieren von Bildern das strategische Denken und die Fähigeiten, Probleme zu lösen, an.

Kartenspiele

Meist haben Spielkarten nur an zwei gegenüberliegenden Ecken Zahlen, die man nicht sieht, wenn die Karten in der linken Hand aufgefächert sind. Achten Sie beim Kauf darauf, dass in allen vier Ecken Zahlen sind.

Nähkarten und Einfädelspiele

Bunte Wollfäden durch lustige Bilder zu ziehen, oder mit Handarbeits-Sets für unerfahrene kleine Hände zu arbeiten, übt die Handgeschicklichkeit. Auch gibt es Karten, mit denen Kinder das Binden der Schnürsenkel üben können. (siehe S. 72).

Mechanisches Spielzeug

Normalerweise werden Spielzeuge mit Uhrwerk im Uhrzeigersinn aufgezogen. Das ist für Linkshänder, die von Natur aus gegen den Uhrzeigersinn drehen, unbequem. Wenn Ihr Kind den Schlüssel mit der rechten Hand festhält und das Spielzeug mit der linken dreht, kann dies ein Zeichen dafür sein, dass es Linkshänder ist. Auch Griffe, Steuer oder Regler sind oft an der rechten Spielzeugseite, so dass ein Linkshänder es verkehrt herum halten muss, um daranzukommen. Auch wenn er den Aufziehschlüssel mit der linken Hand gut erreichen kann, wird er ihn wahrscheinlich in die falschen Richtung drehen. Daran sollten Sie denken, wenn Ihr Kind von dem Spielzeug enttäuscht ist oder der Schlüssel abgeht.

Achten Sie darauf, dass Hebel, Knöpfe und Griffe in beide Richtungen gedreht funktionieren und so angebracht sind, dass sie leicht mit links zu erreichen sind. Altersgemäße Konstruktionsbaukästen mit vielen ineinander passenden Teilen sind ideal für die Koordination von Hand und Auge, die Entwicklung der Feinmotorik und vermitteln grundlegende mechanische Kenntnisse.

Perlen auffädeln trainiert Hand und Auge.

Wörterspiele

Mit Bildfolgen, bei denen man Bilder von links nach rechts aneinanderreihen muss, damit sie eine Geschichte ergeben, gewöhnen sich Linkshänder an die übliche Schreib- und Leserichtung. Was kommt nach der Saat? Was passiert, wenn du eingeschlafen bist? Das Aneinanderlegen der Bilder in der richtigen Reihenfolge ergibt die Antwort. Auch mit Spielen, bei denen Buchstaben und Wörter in die Bilder integriert sind, wird die Schreib- und Leserichtung und das Erkennen von Buchstabenformen eingeübt.

Formen ausschneiden

Eine Sicherheitsschere speziell für Linkshänder kann Ihr Kind beim Schneiden am besten führen und vervollkommnet so seine Technik, ohne es zu merken. Kreise und Spiralen auszuschneiden ist dafür eine gute Übung. Alles über Schneidetechniken und die richtigen Scheren erfahren Sie auf S. 60.

Computer

Heute werden Kinder schon früh an Computer herangeführt und es gibt viele Computerspiele, die auch schon für Vorschulkinder geeignet sind.

Eine Computermaus zu führen erfordert eine gute Feinmotorik. Nicht alle Linkshänder führen die Maus mit links, aber sie sollten vergleichen können, mit welcher Hand es besser geht. Sonst werden sie beim Arbeiten mit der rechten Hand langsam und ermüden oder gewöhnen sich eine schlechte Haltung an.

Wie man die Maus am einfachsten für Linkshänder einrichtet, erfahren Sie auf S. 68. Sonst ist ein Trackball, wie ihn ältere Laptops haben, eine gute Alternative zur Maus. Neuere Laptops besitzen meist ein Sensorfeld, auf dem die Fingerkuppe hin und her fährt.

Manche Joysticks können so angepasst werden, dass die Kontrollknöpfe für Linkshänder richtig liegen. Dann kann Ihr kleiner Linkshänder ohne Handicap gegen Rechtshänder antreten.

Basteln kann sehr viel Spaß machen – wenn man die richtige Schere dafür hat.

Tipps für Vorschulkinder

Kleine Kinder wissen oft noch nicht, was rechts und links ist und wahrscheinlich ist bei manchen von ihnen die Entwicklung zum Rechts- oder Linkshänder noch nicht abgeschlossen. Wenn Sie glauben, Ihr Kind könnte linkshändig sein, sich aber nicht sicher sind, bitten Sie einfach Erzieher oder Lehrer der Vorschule, dem Kind Hilfe und Ermutigung zu zu geben und Geduld zu haben. Geben Sie die folgenden Tipps an den Kindergarten oder die Vorschule weiter.

Alltagsaufgaben

Essen Linkshänder essen mit der linken Hand. Selten wechseln sie mit Gabel oder Löffel in die rechte, außer, wenn sie versuchen zusätzlich ein Messer zu benutzen, das sie dann in die linke Hand nehmen.

Anziehen Für linkshändige Jungen sind Knöpfe und Reißverschlüsse ungünstig angebracht. Sie brauchen also etwas mehr Übung. Linkshänder halten beim Anziehen der Hose oder Schuhe den rechten Fuß zuerst hin, da sie auf dem Linken standfester sind.

Schuhbänder binden Es ist günstig, wenn Sie dem Kind gegenüberstehen und ihm zeigen wie Sie die Schleife binden. Die spiegelbildliche Sicht ist für den Linkshänder genau richtig.

Backen und rühren Linkshänder werden den Rührlöffel in die linke Hand nehmen und gegen den Uhrzeigersinn rühren. Wenn Sie dem Kind helfen, machen Sie es also genauso. Zutaten stellen Sie links von der Schüssel auf, dann kann das Kind sie gut erreichen und einfüllen.

Aufziehspielzeuge Wenn ein Linkshänder von einem Spielzeug enttäuscht ist, liegt das vielleicht daran, dass er es nicht bequem handhaben kann. Beachten Sie die empfohlenen Alternativen auf den Seiten 122–123.

Schneiden Stellen Sie sicher, dass Ihr Kind eine funktionsfähige Linkshänderschere bekommt. Kennzeichnen Sie diese mit einem farbigen Band oder ähnlichem und vergewissern Sie sich, dass das Kind den Unterschied versteht und »seine« Schere verlangt. Es sollten genug Linkshänderscheren vorhanden sein. Achten Sie darauf, dass diese nicht aus Versehen an Rechtshänder ausgegeben werden.

Computer Wenn es für die Kindergruppe Computer gibt, beachten Sie dazu die Hinweise auf Seite 68.

Zeichnen und Schreiben

Lesen Sie die Tipps für Linkshänder auf Seite 55, bevor Sie mit den Übungen anfangen.

Schreiben und Zeichnen Viele Vorschulkinder versuchen abwechselnd mit beiden Händen zu zeichnen oder zu schreiben, bis sie es mit einer Hand besser können. Vielleicht müssen Sie daran erinnern, dass man in der oberen linken Ecke des Blattes beginnt.

Stifte und Kreiden Dicke Stifte mit dreikantigen Schäften unterstützen den idealen Griff, der Linkshändern hilft, dass sie das Geschriebene nicht verwischen und dass ihre Hand sich nicht verkrampft. Achten Sie darauf, dass Pinsel und Stifte oder Spielzeug so vor dem Kind liegen, dass es alles mit jeder Hand gut erreichen kann.

Malen an der Staffelei Ein Linkshänder sollte etwas nach rechts versetzt vor der Staffelei stehen, sonst muss er mit gebeugtem Arm quer über das Blatt reichen. Stellen Sie sicher, dass er genug Platz hat.

Prüfen Sie, ob man im Kindergarten auf Linkshänder und ihre Bedürfnisse eingeht.

Welches ist meine »bessere« Hand?

Unsicherheit über die Händigkeit ist normal. Besonders bei Linkshändern, die manchmal etwas länger brauchen, bis sich eine eindeutige Handdominanz zeigt. Üben Sie keinen Druck aus, sich zu entscheiden, sondern erlauben Sie dem Kind die Hand zu benutzen, die ihm von Fall zu Fall geeigneter erscheint. Denken Sie daran, dass Linkshänder eine Welt entdecken, in der für sie vieles andersherum läuft. Sie brauchen Ihre geduldige Führung und Hilfe um sich anzupassen und gut mit allem zurechtzukommen.

»Wenn ein Kind in meine Gruppe kommt, lasse ich es etwas ausschneiden, damit wir erfahren, welche Schere es braucht. Schon die ganz Kleinen, die noch nicht verstehen, was rechts und links ist, wissen dann, ob sie eine blaue oder eine rote Schere haben müssen.«

Jo Hopkins, Erzieher-Ausbilder

3

Strategien für den Alltag

Alles, was schwierig ist

Linkshänder zu sein, ist kein Problem – aber für Rechtshänder ausgelegte Geräte zu benutzen, kann eines werden. Wenn Ihr Kind in unbequemer Lage arbeiten oder sich einer Sache in falschem Winkel nähern muss, ist es unvermeidlich, dass es vor Probleme gestellt wird, denen die Rechtshänder in der Familie nie begegnen. Versuchen Sie, Ihre Wohnung aus der Sicht eines Linkshänders zu betrachten, und überlegen Sie, was Sie ändern können, um Ihrem kleinen Linkshänder Schwierigkeiten aus dem Weg zu räumen.

Mit diesem Wasserkocher für Rechtshänder muss ein Linkshänder rückwärts ausgießen.

Sicherheit geht vor!

Wird das Kind älter, will es wahrscheinlich in Haus und Garten helfen. Wenn es etwas Neues unternimmt, sollte es dabei Ihre ganze Aufmerksamkeit erhalten. Unfälle können überall und jedem passieren, aber manche Unfälle, die Linkshänder erleiden, werden durch ungeschickten und ungeübten Gebrauch von Werkzeugen und Geräten für Rechtshänder verursacht.

Man kann nicht alles aufzählen, was Ihrem Kind im Haushalt begegnen könnte, aber denken Sie daran: Umso effektiver ein Gerät ist, desto gefährlicher kann es sein, wenn man es falsch benutzt. Machen Sie sich das bewusst und seien Sie besonders aufmerksam. Dann lassen sich Unfälle von vornherein vermeiden. Nehmen Sie sich Zeit, Ihrem Kind den Gebrauch von Werkzeugen und Geräten zu erklären. Die meisten Unfälle passieren durch falsches Benutzen von Werkzeugen und nicht, weil das Kind unbeholfen ist.

Darauf sollten Sie achten!

Bevor Sie Ihr Kind ein Gerät benutzen lassen, sehen Sie es sich sorgfältig an. Achten Sie dabei auf folgende Punkte:

- Wie ist der Griff angebracht?
- In welcher Richtung wird Kraft ausgeübt?
- Wie wird es bedient und wo ist eventuell der Ausschaltknopf?

Ihr kleiner Linkshänder rührt gegen den Uhrzeigersinn, machen Sie also dasselbe.

Probieren Sie es selbst aus!

Nehmen Sie den Platz Ihres Kindes ein, fassen Sie das Werkzeug mit links und probieren Sie, ob es von einen Linkshänder sicher bedient werden kann. Viele Elektrowerkzeuge wie Bohrer und Sägen sind für Rechtshänder konzipiert. Skalen, Bedienelemente und Schalter sind so angebracht, dass Rechtshänder sie bequem erreichen und Griffe passen sich der rechten Hand an.

Wenn Sie den Eindruck haben, dass ein Werkzeug von einem Linkshänder nicht sicher gehalten und benutzt werden kann, erlauben Sie Ihrem Kind nicht, sich ihm zu nähern. Aber auch wenn Sie ein Wekzeug nach sorgfältiger Prüfung für geeignet halten, investieren Sie soviel Zeit wie nötig und üben Sie mit dem Kind, wie es damit umgehen soll. Weisen Sie das Kind immer an, wie es ein Werkzeug benutzen soll.

Das Schreiben

Es gibt keinen Grund, warum Linkshänder keine gute, flüssige und bequem zu schreibende Handschrift entwickeln sollten. Sie brauchen dazu allerdings die richtige Anleitung, geduldige Lehrer und immer wieder viel Ermutigung.

Allgemeine Probleme

Die grundlegende und unentbehrliche Technik des Schreibens kann Linkshändern aus manchen Gründen Probleme bereiten.

Schieben statt ziehen Beim Schreiben von rechts nach links müssen Linkshänder die Feder mehr schieben als ziehen, so dass die Spitze leicht kratzen und sich im Papier verhaken kann, was den Schreibrhythmus unterbricht und ein fließendes, lockeres Schreiben erschwert.

Die Haltung des Schreibgeräts Um die Schreibbewegung zu kontrollieren, halten Linkshänder den Stift oft mit so vielen Fingern wie möglich zu fest und üben zu viel Druck auf das Papier aus, sodass sich die Hand verkrampft.

Die Lage der Hand auf dem Papier Ohne Anleitung, wie man den Stift anfasst und das Blatt positioniert, entwickeln Linkshänder oft eine unbequeme verkrampfte Haltung, die zu Schmerzen in Handgelenken, Rücken und Nacken führt.

Häufig gibt es aneinanderstoßende Ellenbogen, wenn Rechts- und Linkshänder falsch nebeneinander sitzen.

So können Sie helfen

Viele der genannten Schwierigkeiten können leicht vermieden werden, wenn man den folgenden Anweisungen folgt. Denken Sie daran, die Bemühungen Ihres Kindes mit viel Lob zu unterstützen, und übersehen Sie zunächst Unbeholfenheiten, Verschmiertes und mangelnde Genauigkeit.

- Jüngere Kinder brauchen einen weichen Stift, der nicht im Papier steckenbleibt und es verletzt. Ältere sollte man ermutigen, verschiedene Stifte und Federn auszuprobieren, um ein Schreibgerät zu finden, das gut über das Papier gleitet. Füller für Linkshänder haben eine gegenüber »normalen« Füllern entgegengesetzt abgeschrägte Federspitze die sich nicht im Papier verhakt (siehe S. 58).

- Zeigen Sie Ihrem Kind, wie es den Füller halten soll: mindestens 2 cm von der Spitze entfernt, sodass die Finger das Geschriebene nicht verdecken.

- Platzieren Sie das Blatt in einem leichten Winkel, sodass eine gute Körperhaltung gewährleistet ist (siehe S. 56–57).

- Ermutigen Sie dazu, das Schreibgerät so zu fassen, dass es bequem und gut geführt werden kann (siehe S. 56).

- Ein Stern oder ein Aufkleber auf der linken oberen Ecke jeder Seite erinnert das Kind daran, von links nach rechts zu schreiben.

- Achten Sie auf den für Linkshänder abweichenden Buchstabenaufbau und benutzen Sie entsprechendes Arbeitsmaterial, um die richtige Schreibhaltung und Blattposition einzuüben (siehe S. 59 und 92).

- Schulkinder, die mit einem Mitschüler die Bank teilen, sollten links von einem Rechtshänder sitzen, damit beide nicht mit den Ellenbogen aneinanderstoßen.

Schlechter Tintenfluss Die Probleme werden noch größer, wenn Linkshänder anfangen, mit einer richtigen Schreibfeder oder einem Füller zu schreiben. Die Feder soll leicht über das Papier gleiten und gibt, *mit der rechten Hand gezogen,* einen kontinuierlichen Tintenfluss. Wird sie *mit der linken Hand* über das Papier *geschoben,* kratzt sie und der Tintenfluss wird immer wieder unterbrochen.

Verschmieren Wenn Linkshänder Füllfederhalter benutzen, kann die nachrückende Hand das Geschriebene verschmieren. Deshalb weichen sie mit der Hand oft immer weiter nach oben aus, bis diese über der Zeile liegt. Dabei ist die Feder dann in der gleichen Richtung geneigt wie bei einem Rechtshänder, sodass ein kontinuierlicher Tintenfluss gewährleistet ist. Aber um dies zu erreichen, mussten sie den ganzen Körper unnatürlich verdrehen.

Hält die Hand den Stift zu fest, verschmiert sie das Geschriebene und es ergibt sich eine schlechte Haltung.

Griff und Haltung beim Schreiben

Durch die korrekte Haltung des Schreibgeräts und die richtige Platzierung des Blattes überwindet das Kind die natürlichen Schwierigkeiten, die das Schreiben in der »falschen« Richtung mit sich bringt. So wird von Anfang an vermieden, sich an schlechte Kompromisse zu gewöhnen.

Der Dreifingergriff

Am besten hält man das Schreibgerät mit dem Dreifingergriff: Daumen und Zeigefinger halten den Stift, der locker auf dem gekrümmten Mittelfinger ruht, wobei die Hand unterhalb der Zeile auf dem Papier liegt. Der Zeigefinger führt den Stift beim Schreiben der Buchstabenformen, die anderen Finger stützen ihn. Handgelenk und Schulter sollten, während der Arm über das Blatt fährt, entspannt bleiben, Handgelenk und Hand bleiben in gerader Position. Griffmulden im Schreibgerät oder dreikantige Schäfte unterstützen die richtige Haltung (siehe S. 40).

Tipps zum Halten des Stifts

- Der Schaft des Stifts sollte in dem V liegen, das Daumen und Zeigefinger bilden. Er darf nicht rechtwinklig auf das Blatt treffen, sondern sollte so geneigt sein, dass er ungefähr auf die rechte Schulter zeigt.
- Um einen festen Griff lockerer zu machen und damit nicht zu viel Druck auf das Papier ausgeübt wird, können Sie als Spiel vorschlagen, auf drei Lagen Papier mit Kohlepapier dazwischen zu schreiben. Die Aufgabe ist, so leicht zu schreiben, dass *keine* Durchschrift entsteht.
- Um die richtige Arm- und Handhaltung beizubehalten und zu vermeiden, dass der Arm sich krümmt, während das Kind das Blatt füllt, sollte es üben, mit der Hand ein paar Mal von links nach rechts quer über die Seite zu fahren, ohne seine Haltung zu verändern. Schlagen Sie ihm vor, sich dabei etwas zurückzulehnen und zügig quer über die Seite ganz zarte Linien zu ziehen. Es kann sich vorstellen, dass es mit dieser Bewegung Radierkrümel oder etwas Ähnliches vom Blatt fegt.

Die bequeme Schreibhaltung

Um zu vermeiden, dass das Schreiben eine Belastung wird, sollten die Schultern Ihres Kindes entspannt und rechtwinklig zum Schreibtisch sein. Anstatt das Blatt direkt vor sich zu haben und parallel zur Schreibtischkante zu legen, sollte man es etwas nach links rücken und bis zu 45° drehen. Die obere rechte Ecke sollte der Körpermitte gegenüberliegen.

Die ideale Handhaltung

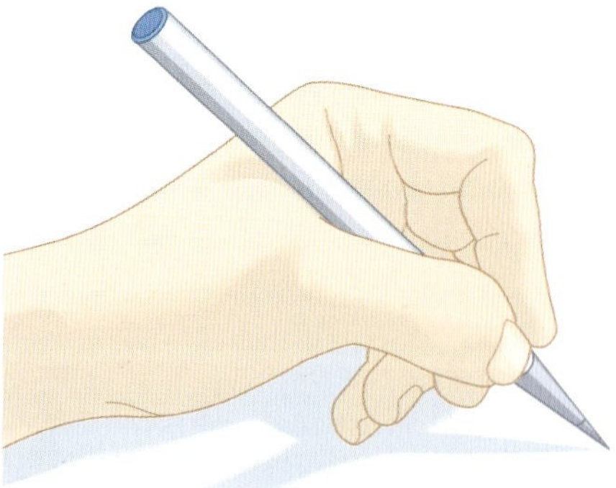

Der Stift wird zwischen Daumen und Zeigefinger gehalten und ruht auf dem Mittelfinger. Die Hand ist entspannt und liegt unterhalb der Zeile auf dem Blatt.

Die ideale Schreibhaltung: Körper aufrecht, Handposition und Griff des Schreibgerätes sowie Lage des Blattes sind korrekt.

Vergewissern Sie sich immer, dass Ihr Kind auf seinem Schreibplatz links reichlich Platz hat, damit es sein Heft wie beschrieben auslegen kann. Diese Lage ermöglicht ihm, den Stift beim Schreiben zum Körper hin zu ziehen – was einfacher ist als die Gegenrichtung – und zu sehen, was es schreibt. Die Schräglage des Blattes verhindert, dass sich die Hand hinter dem Stift verdreht, führt also automatisch zur richtigen Handposition unterhalb der Zeile. Bleibt das Handgelenk gerade, kommt die Hand nicht in Versuchung, über die Zeile zu wandern, dem Geschriebenen zu folgen und es zu verschmieren. Die Rechte sollte weit genug vom Geschriebenen flach auf dem Papier liegen und es halten.

Die Lage des Papierblatts

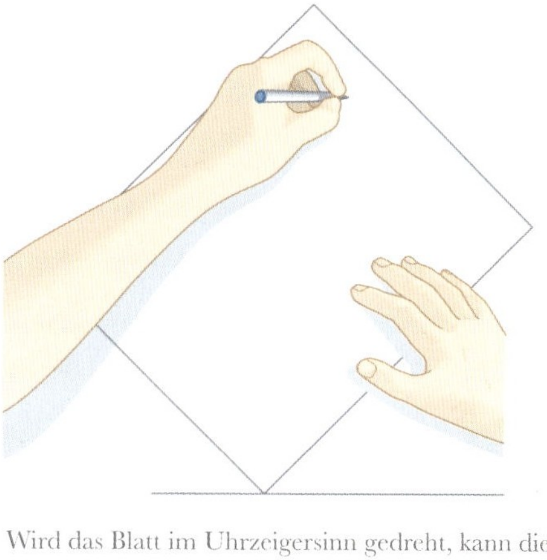

Wird das Blatt im Uhrzeigersinn gedreht, kann die Schreibhand unterhalb der Zeile bleiben.

Das Schreibwerkzeug

Es gibt inzwischen eine ganze Reihe von Schreibgeräten und Hilfen, die es Linkshändern ermöglichen, sich eine gute Schreibhaltung anzueignen und beizubehalten. Viele originelle Formen und Farben sorgen dafür, dass Kinder Spaß am Schreiben haben

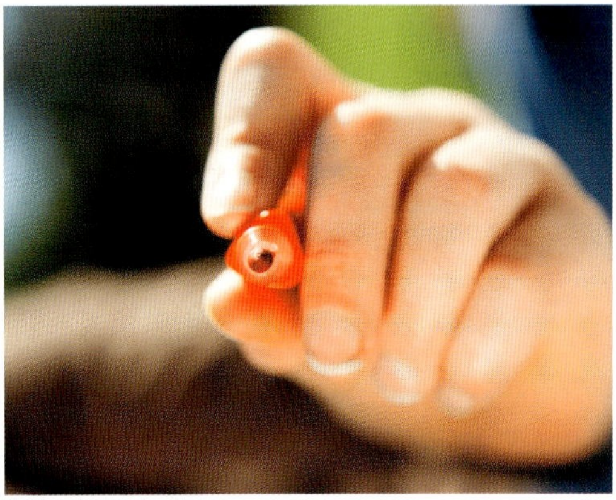

Dreikantige Schäfte unterstützen den Dreifingergriff.

Stifte mit dreikantigen Schäften

Diese Stifte sind nicht speziell für Linkshänder gemacht, aber sehr nützlich für sie. Die dreikantige Form des Schaftes unterstützt eine Haltung des Schreibwerkzeugs (siehe S. 56), die bequem ist, eine gute Kontrolle des Schreibvorgangs erlaubt und nicht zu Ermüdung führt. Die Stifte sind für alle Altersgruppen zu empfehlen, für die kleinen Hände von Schreibanfängern sollte man jedoch solche mit sehr dicken Schäften wählen.

Aufsteckbare Griffe

Griffmulden für die einzelnen Finger unterstützen den richtigen Griff. Die Griffe können leicht auf normale Stifte aufgesteckt werden.

Füllfederhalter

Die Schwierigkeiten, die Linkshänder mit Füllfederhaltern haben (Festhaken der Feder im Papier, unterbrochener Tintenfluss), können durch das Benutzen eines Füllers für Linkshänder weitgehend ausgeschaltet werden. Seine Federspitze ist nach der anderen Richtung hin abgeschrägt oder hat eine Kugelspitze, die auch wenn sie geschoben wird, gut über das Papier gleitet. Linkshänder-Federn geben einen kontinuierlichen Tintenfluss ab, wenn die linke Seite der Feder stärkeren Druck als die rechte erhält. Die scheinbar geringen Veränderungen an der Feder machen für das Kind beim Schreibenlernen und auch später einen gewaltigen Unterschied. Spezialisierte Händler halten eine große Auswahl von Füllfederhaltern für Linkshänder bereit; für Kinder auch Ausführungen mit gummierter Griffzone oder mit einem Wulst, der das Abrutschen der Finger zur Feder verhindert (siehe S. 122–124).

Abgeschrägte Kalligrafiefedern

Manche bevorzugen Kalligraphie-Füller für Linkshänder mit schräg angeschnittener Federspitze. Die Federn lassen sich oft auch auf einen normalen Füller aufsetzen. Darüber hinaus gibt es eine große Anzahl Kalligrafie-Sets für Linkshänder.

Auch aufsteckbare Griffe mit Griffmulden können helfen.

Die Hersteller von Schreibfedern haben verschiedene Bezeichnungen für abgeschrägte Federn und die Abschrägung kann einmal in die eine und einmal in die andere Richtung gehen. Vertrauen Sie also nicht auf die Bezeichnung Linkshänder-Feder, sondern probieren Sie die Federn vor dem Kauf aus und finden Sie heraus, mit welcher Ihr Kind am besten schreiben kann.

Kugelschreiber

Eine Neuheit ist ein Kugelschreiber für Linkshänder, der nach sorgfältigen Studien über die beste und bequemste Schreibhaltung entwickelt wurde. Sein Schaft hat gummierte Griffmulden, so dass der Stift korrekt und locker gehalten werden kann, dabei immer in seiner Position bleibt, damit das Schreiben leicht und mühelos ist.

Nicht schmierende Faserschreiber

Ältere Kinder oder solche mit Lernschwierigkeiten sind manchmal nicht fähig oder bereit, eine einmal angewöhnte schlechte Schreibhaltung zu ändern, um eine zu erlernen, die das Verschmievermeidet. Dann sind Faserschreiber die Lösung, deren Farbe unmittelbar nach dem Schreiben wischfest ist. Die Form des Schafts erlaubt auch einen besseren Griff bei gedrehter Hand. (Man sollte nicht zu dieser Haltung ermutigen, aber wenn das Umlernen zu schwer ist, hat man wenigstens das Verschmieren und damit *eine* Ursache von Frustration beseitigt.)

Ergonomisch gestalteter Stift für Linkshänder.

Versetzte Spitzen erlauben eine Gute Sicht auf dss Blatt.

Stifte mit versetzter Spitze

Diese Stifte mit der seltsam aussehenden schrägen Spitze erlauben es Linkshändern genau zu sehen, was sie schreiben oder zeichnen, da es nicht von der Hand verdeckt wird. Eine gummierte dreikantige Griffzone dreht sich in die günstigste Schreibhaltung, die versetzte Spitze verhindert, dass die Finger nach unten rutschen, erlaubt einen lockeren Griff und hält die Hand von der Zeile fern, was das Verschmieren verhindert. Durch die ungewöhnliche Form können Linkshänder viele der Schreibschwierigkeiten, mit denen sie oft konfrontiert sind, überwinden.

Schreibunterlagen

Es gibt Schreibunterlagen, die Verschmierungen vermeiden und schlechte Hand- und Körperhaltung korrigieren helfen. Auf ihnen ist die korrekte Lage des Papierblatts markiert, es wird gezeigt, wie man den Stift hält und wo der Arm liegen muss, damit der Linkshänder bequem und flüssig schreiben kann.

Scheren benutzen

Kinder, die noch keine Erfahrungen mit Scheren für Linkshänder haben, wissen nicht, um wie viel leichter sie damit arbeiten könnten. Wenn sie sich mit Rechtshänderscheren abquälen, geben sie meist nicht der Schere die Schuld. Eher werden sie sagen, dass sie einfach »nicht gut im Ausschneiden« sind und meiden Aufgaben, bei denen sie eine Schere benutzen müssen.

Wo liegt das Problem?

Wenn Kinder zum erste Mal Formen mit einer Schere ausschneiden, ist das ein wichtiger Schritt und es kann sehr enttäuschend sein, wenn sie feststellen müssen, dass alle es können, nur sie nicht. Sie verstehen nicht, warum sie der Schnittlinie nicht einfach folgen können, warum sich das Papier stärker verzieht und wölbt als bei anderen Kindern und warum ihnen die Hände dabei wehtun. Angesichts dieser Schwierigkeiten wird das linkshändige Kind zuerst fragen »Warum kann ich nicht Aussschneiden?« und nicht »Was stimmt mit der Schere nicht?«. Wenn es aber eine Rechtshänderschere ist, dann ist die Schere schuld!

Beim Ausschneiden eines Kreises z. B. fangen Rechtshänder rechts an und schneiden gegen den Uhrzeigersinn aufwärts. Das obere Scherblatt liegt auf der Seite der rechten Hand. Die Schnittlinie ist beim Schneiden gut zu sehen.

Linkshänder machen es natürlich andersherum, beginnen auf der linken Seite und umrunden den Kreis im Uhrzeigersinn. Allerdings verdeckt das obere Scherblatt einer in der linken Hand gehaltene Rechtshänderschere die Schnittlinie, so das man nicht sehen kann, ob man genau schneidet. Versuchen Linkshänder ebenfalls gegen den Uhrzeigersinn zu schneiden, halten sie das Papier schräg, so dass sie über das Scherblatt schauen können. Schließen sich aber die Scherblätter, schneidet das untere eine Scherblattdicke von der Schnittlinie entfernt. Linkshänder müssen also die Schere ständig »nachjustieren« und »raten« wo sie schneiden müssen, da sie mit dem oberen Scherblatt der Schnittlinie nicht exakt folgen können.

Bei Linkshänderscheren sind die Scherblätter so eingesetzt, dass das linke oben ist (d. h. es erscheint beim Schneiden *auf* dem Papier). Beim Schneiden mit der linken Hand hat man also die Schnittlinie im Blick. Eine richtig konstruierte Linkshänderschere muss das Kind einfach nur gerade halten und braucht nicht zu versuchen, die Scherblätter zu verdrehen. Das Ausschneiden von Formen wird ein Kinderspiel! Eltern, die glaubten, dass ihr Kind hoffnungslos unbeholfen sei, wundern sich oft, wie geschickt es ist, wenn es seine erste Linkshänderschere bekommt.

Scheren für Links- und für Rechtshänder

Die Abbildungen auf S. 61–62 zeigen wie unbeholfen Linkshänder sind, wenn sie Scheren für Rechtshänder mit der linken Hand benutzen und versuchen, ihre Technik daran anzupassen. Auch nach langer Übung wird das Resultat nicht so gut sein wie mit einer richtigen Linkshänderschere.

Andere Schwierigkeiten

Beim Schneiden werden die Scherblätter normalerweise zusammengedrückt, um einen scharfen und sauberen Schnitt zu erhalten. Sie werden aber leicht auseinander-, anstatt zusammengedrückt, wenn die Schere in der falschen Hand gehalten wird. Um dem entgegenzuwirken, üben Linkshänder beim Schneiden oft mit dem Daumen einen forcierten Druck aus, um die Scherblätter näher zueinander zu bringen. Dies ist, wie

Durch die Rechtshänderschere im **Bild** links unten wird die Schnittlinie verdeckt und das Papier gestaucht.

viele Anpassungsleistungen von Linkshändern keine bewusste Entscheidung, sondern eine mit der Zeit durch Ausprobieren entwickelte Technik, mit der sie sich die für Rechtshänder entwickelten Werkzeuge aneignen.

Dieses Zusammendrücken presst das Daumengelenk gegen den Scherengriff, führt zu wunden Knöcheln und eventuell zu Hornhautbildung. Deshalb empfinden Linkshänder die für sie passenden Scheren oft zuerst als ungewohnt, da sie mit derselben forcierten Kraftanstrengung schneiden, die sie bei einer Rechtshänderschere anwenden. Sie sind nicht gewohnt, locker und entspannt geradeaus zu schneiden. Tun sie das aber, sind sie begeistert.

Benutzt man Scheren mit der falschen Hand, lockert sich leichter die Verbindung der Scherblätter und die Schere wird schneller stumpf.

Gibt es Scheren, die Rechts- und Linkshänder benutzen können?

Die Antwort lautet: Nein! Aber Vorsicht: manche Hersteller und Lehrmittelhandlungen bieten sogenannte Universalscheren an, die für Rechts- und Linkshänder geeignet sein sollen. Tatsächlich müssen bei richtigen Linkshänderscheren die Scherblätter genau andersherum angebracht sein und es kann keine Schere geben, mit der Rechts- und Linkshänder gleich gut arbeiten können. Die sogenannten Universalscheren be-

Scheren für Rechts- und für Linkshänder

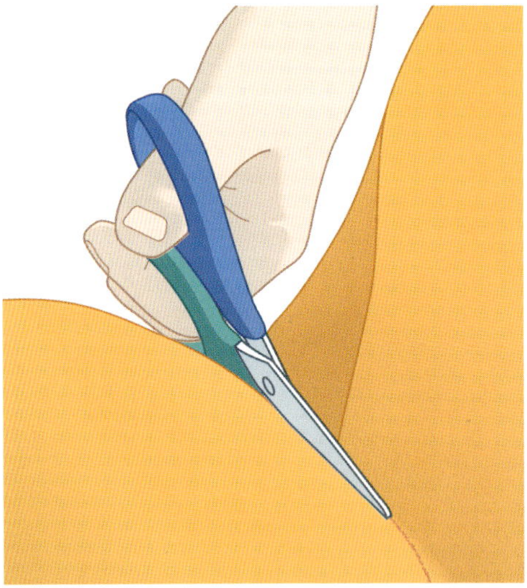

Hält man Rechtshänderscheren in der linken Hand, verdeckt das obere Scherblatt die Schnittlinie und die Kinder benutzen die Schere oft in der Gegenrichtung, um dies auszugleichen. Bei mit der falschen Hand geführten Scheren werden die Scherblätter auseinander- anstatt zusammengedrückt, das Papier wird gebogen und mehr gerissen als geschnitten. Will man dies durch festen Druck beim Schneiden vermeiden, führt das zu schmerzenden Händen und eventuell zu Hornhautbildung.

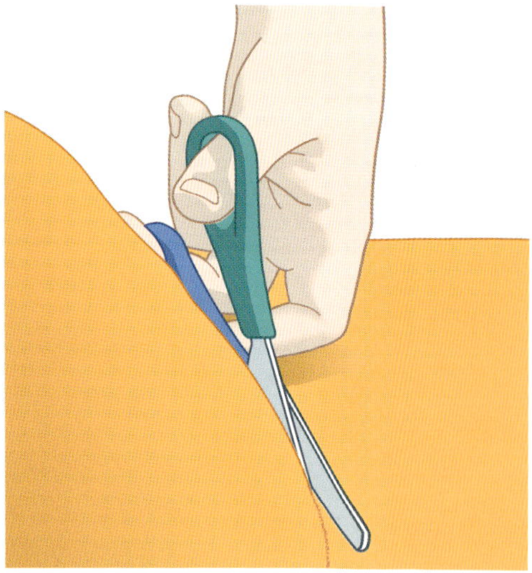

Sind die Scherblätter der Schere so vertauscht, dass das linke oben ist, können linkshändige Kinder die Schnittlinie sehen und die Scherblätter mühelos und ohne Druck zusammenführen, sodass ein sauberer Schnitt entsteht. Das Papier bleibt glatt und die Hand entspannt. Die Scherengriffe sind so geformt, dass das Gelenk des linken Daumens sich gut in den Griff einpasst.

sitzen lediglich Griffe, die den Fingern der rechten Hand nicht angepasst sind. Das ist oft bei Scheren mit Plastikgriffen der Fall, bei denen der Griff so gestaltet ist, dass er sich der Form des Daumenknöchels anpasst, was für Linkshänder eine zusätzliche Erschwernis bedeutet. Bei Scheren, die als für Links- und Rechtshänder geeignet, verkauft werden, ist man lediglich zu der nicht an den Daumen angepassten Griffform zurückgekehrt. Die Scherblätter sind aber nicht vertauscht, wie es für Linkshänderscheren eigentlich der Fall sein müsste. Deshalb haben Linkshänder dann mit diesen Scheren auch die gleichen Schwierigkeiten wie mit normalen Rechtshänderscheren.

Wie erkenne ich eine Linkshänderschere?

Ob eine Schere eine Linkshänderschere ist, können Sie leicht daran erkennen: Wie Sie die Schere auch halten, immer ist beim Schneiden das linke Scherblatt oben, das heißt *auf* dem Papier.

Bezugsquellen für echte Linkshänderscheren finden Sie auf den Seiten 122–124.

Dieses rechtshändige Kind sieht die Schnittlinie und muss nicht über das Scherblatt schauen.

Mit einer Rechtshänderschere schneidet das linkshändige Kind gegen den Uhrzeigersinn, um die Schnittlinie zu sehen.

Andere Schneidewerkzeuge

Scheren sind wahrscheinlich die ersten Schneidewerkzeuge, die ein Kind benutzt. Aber man sollte sich auch vor Augen führen, welche Schwierigkeiten Linkshänder mit anderen Klingen haben können. Wenn Linkshänderversionen erhältlich sind, können diese Linkshändern helfen, genauer und sicherer zu schneiden.

Bastelmesser

Bastelmesser (Cutter) haben sehr scharfe Klingen. Deshalb ist es wichtig, dass ein Linkshänder sie bequem und sicher fassen kann. Klingen sollten trapezförmig sein und sich umstecken lassen, so dass sie einmal links und einmal rechts aus dem Griff ragen. Dann kann das Messer bei Bedarf mit ein paar Handgriffen für Links- oder Rechtshänder umgerüstet werden.

Bei Sicherheitsmessern mit einziehbarer Klinge drückt der linke Daumen die Klinge heraus. Der Druck während des Schneidens macht den Daumen überflüssig. Hebt man die Klinge von der Schneidefläche, geht sie automatisch in den Griff zurück. Bei anderen Messern kann man die Klinge in verschiedenen Positionen feststellen. Gummierte Griffflächen machen die Messer bequemer und sicherer.

Achtung! Bastelmesser sollten nur von älteren Kindern und unter der Aufsicht benutzt werden.

Dieses Bastelmesser ist eine Linkshänderversion.

Gartenscheren

Wenn Ihr Kind gerne im Garten hilft, ist anzumerken, dass das gleiche Prinzip auch für Garten- und Baumscheren gilt. Auch hier gibt es Linkshänderversionen mit vertauschten Scherblättern in verschiedenen Größen. Damit wird das Beschneiden der Pflanzen für Ihr Kind leichter und es gelingen ihm glatte, saubere Schnitte. Ein ausgezackter Schnitt bedeutet auch für Ihre Pflanzen Stress und erhöhte Infektionsgefahr. Alternativ dazu gibt es auch Schroteisen, die nicht nach dem Scherenprinzip arbeiten, sondern aus einer einzelnen Klinge mit einer flachen Schneidefläche bestehen und mit denen man wahlweise rechts- oder linkshändig arbeiten kann.

Besteckmesser

Die Mehrheit der Linkshänder hält beim Essen das Messer in der rechten und die Gabel in der linken Hand, wie die Konvention es verlangt, so dass Besteckmesser für Linkshänder nicht nötig sind. Einige Linkshänder vertauschen allerdings Messer und Gabel, dann ist ein Besteckmesser mit dem Wellenschliff an der richtigen Seite nützlich. Man kann damit leichter und genauer schneiden.

Küchenmesser

Unabhängig davon, wie sie ihr Besteck benutzen, halten Linkshänder bei Küchenarbeiten Messer in der linken Hand. Ist ein Kind alt genug in der Küche zu helfen, sollte man in Linkshändermesser investieren. Mit Messern, die den Wellenschliff an der falschen Seite haben, entstehen leich krumme Schnitte. Hier hilft ein Linkshändermesser: Der Schnitt wird gerade und Unfälle werden vermieden. (siehe Kasten S. 65)

Vorteile eine Linkshändermessers

Der Wellenschliff ist an der rechten Seite der Klinge, um den natürlichen Drall der linken Hand nach innen auszugleichen. Dadurch entsteht ein gerader Schnitt und die abgeschnittene Scheibe ist gleichmäßig.

Der Wellenschliff eines normalen Messers begünstigt den natürlichen Drall der linken Hand, führt zu einer gekurvten Schnittlinie und die abgeschnittene Scheibe ist ungleichmäßig.

Wellenschliff

Japanische Sushi-Messer haben einen ganz bestimmten Schneidewinkel für Rechts- und einen anderen für Linkshänder. Anderswo in der Welt herrrscht Verwirrung. Einige Hersteller bringen den Wellenschliff ihrer »normalen« Messer an der rechten Seite der Klinge an, wo er bei Linkshändermessern liegen sollte. Es scheint keine verbindliche Übereinkunft zu geben, auf welcher Seite ein Wellenschliff angebracht sein muss. Viele Hersteller haben offenbar noch nie darüber nachgedacht. Linkshänder kennen aber den Unterschied, den der richtige Schliff für die Genauigkeit des Schnitts, die Gleichmäßigkeit der geschnittenen Scheiben und die bessere Führung des Messers macht.

Bei den meisten »normalen« Messern für Rechtshänder ist der Wellenschliff an der *linken* Seite der Klinge. Der Sägeeffekt arbeitet gegen die natürliche, im Uhrzeigersinn nach innen gerichtete Drehbewegung der rechten Hand und führt zu einem geraden Schnitt. Benutzt ein Linkshänder ein solches Messer, verstärkt der Sägeeffekt die natürliche Drehbewegung der linken Hand gegen den Uhrzeigersinn, was zu ungleichmäßigen Scheiben führt. Achten Sie also bei Messern darauf, dass der Wellenschliff an der *rechten* Seite der Klinge angebracht ist. Dann kann ein Linkshänder gut damit schneiden.

In der Küche

Die Küche ist ein gutes Beisspiel für die Bevorzugung von Rechtshändern. Es gibt dort eine Menge Geräte und Vorrichtungen, die für Linkshänder mühsam und umständlich zu benutzen sind. Dann wird etwas verschüttet, Knöchel werden aufgescheuert und dazu erntet der Linkshänder noch herablassende Blicke von der übrigen Familie.

Hähne, Flaschen und Gläser

Wenn man etwas dreht, drückt die Hand nach außen und vom Körper weg, diese Bewegung ist kraftvoller und kann besser gesteuert werden als die zum Körper hingewandte. Für einen Linkshänder wäre das die Drehung gegen den Uhrzeigersinn. Öffnet er Flaschen und Gläser oder dreht er an Hähnen und Griffen, tut er es daher leicht in die falsche Richtung. Denken Sie daran, wenn Sie sehen, dass Ihr Kind den Wasserhahn weiter zu- anstatt aufdreht und mit aller Kraft, aber ohne Erfolg versucht, einen Flaschenverschluss zurückzudrehen. Später kann dasselbe mit dem Korkenzieher passieren.

Dosenöffner

Ein Dosenöffner für Rechtshänder muss an der rechten Dosenseite angesetzt werden. Das ist für Linkshänder extrem ungünstig, denn die schwächere Hand muss nun den Drehgriff betätigen. Der rechte Daumen ermüdet, noch bevor die Dose ganz offen ist. Deshalb wechseln Linkshänder oft die Hände, halten den Zangengriff mit rechts, reichen mit der linken quer herüber, um den Drehgriff zu erreichen und drehen ihn mit dem linken Daumen. Obwohl sie nun ihre geschicktere Hand benutzen, ist die verdrehte Haltung nicht nur unbequem, sondern auch gefährlich, weil der scharfe Deckel der Hand sehr nahe ist.

Die richtige und die falsche Technik

Ein Dosenöffner für Rechtshänder zwingt Linkshänder, eine unpraktische Technik anzuwenden.

Der Dosenöffner für Linkshänder wird an der linken Seite der Dose angesetzt, so dass der Drehgriff sich leicht mit links bedienen lässt.

Bei diesem Schäler für Linkshänder zeigt die Schneide in die richtige Richtung und der Griff ist nach links abgewinkelt.

Besser ist es, einen Dosenöffner für Linkshänder zu benutzen, der bequemer und sicherer ist. Er wird mit der rechten Hand gehalten und das Schneidrad an der linken Seite der Dose angesetzt. Man dreht mit der linken Hand, die Drehrichtung ist vom Körper weg. So können Linkshänder ihre stärkere Hand optimal einsetzen.

Es gibt auch Öffner, die auf den Dosendeckel aufgesetzt werden und einen Griff haben, der in beide Richtungen gedreht werden kann. Sie sind von Rechts- wie Linkshändern gleich gut zu benutzen. Trotzdem eine Warnung hierzu: Sie schneiden den Dosendeckel ganz ab und hinterlassen dabei gefährlich scharfe Kanten, so dass sie von Kindern nur unter Aufsicht eines Erwachsenen benutzt werden sollten.

Obst und Gemüse schälen

Ein Schälmesser wird am besten zum Körper hin gezogen. Dabei bleibt der linke Daumen auf dem Schälgut und man zieht das Schälmesser gleichmäßig in seine Richtung. Das ist mit einem Schäler für Rechtshänder, den man in der linken Hand hält, nicht möglich, weil dann die Schneide in die falsche Richtung zeigt. Deshalb haben sich viele Linkshänder angewöhnt, den Schäler vom Körper weg zu bewegen und machen dabei eine Schnitzbewegung, bei der sich die Schalenstücke über den ganzen Spülstein verteilen. Diese Technik erlaubt kein sicheres Führen des Schälmessers, sodass es dabei oft aufgescheuerte Knöchel gibt. Am besten ist ein Schäler für Linkshänder oder einer, der in beide Richtungen funktioniert.

Elektronische Geräte

Elektronische Geräte bieten manche Herausforderungen. Einige Vorreiter auf diesem Gebiet bieten Software und Geräte an, die für Linkshänder einfacher zu bedienen sind, während andere Anbieter die Schwierigkeiten eher vermehren.

Die Maus kann mit links einfacher geführt werden.

Computer

Nicht alle Linkshänder müssen die Maus mit der linken Hand bedienen, aber sie sollten Gelegenheit bekommen, auszuprobieren, mit welcher Hand es für sie bequemer und vorteilhafter ist. Wenn sie eine Maus nicht wie selbstverständlich mit rechts handhaben können, wird ihnen das Benutzen des Computers – der immer mehr zu einem Teil unseres Alltagslebens wird – umständlich und langsam vorkommen, oder sie werden die schlechte Angewohnheit annehmen, mit der linken Hand über die Tastatur nach rechts zur Maus zu greifen, was zu Haltungsschäden und später zu Rückenschmerzen führen kann.

Wenn Ihr Kind die Maus lieber mit links bedient, können die Maustasten über die Grundeinstellungen des Btriebssystems leicht entsprechend konfiguriert werden (siehe Kasten).

Eine ergonomisch gestaltete Maus ist gewöhnlich an die rechte Hand angepasst und für Linkshänder nicht geeignet, aber es gibt auch

Die Maus umstellen

Suchen Sie auf Ihrem Betriebssystem die Einstellungen für die Maus-Konfiguration. Mit einer davon lassen sich rechte und linke Maustaste vertauschen. Gewöhnlich genügt ein Klick in das entsprechnde Feld und die rechte Maustaste übernimmt die Funktion der linken. Dann haben Sie eine perfekte Linkshänder-Maus.

Wenn Computer von Links- und Rechtshändern benutzt werden, wäre es umständlich, jedesmal die Grundeinstellungen der Maus zu ändern. Es gibt aber freie Software, mit der diese Einstellungen gespeichert und dann über einen Tastenbefehl (z. B. F12) ganz einfach umgeschaltet werden können.

Einige Computermodelle haben eine Maus mit nur einer Taste, die gleich gut auf der linken wie der rechten Seite der Tastatur angeschlossen werden kann, ohne dass man irgendwelche Einstellungen dazu ändern muss.

ergonomisch gestaltete Ausführungen für Linkshänder (siehe S. 122–124). Eine Standard-Maus passt aber immer!

Eine weitere Unbequemlichkeit für Linkshänder, die große Mengen numerischer Daten eingeben wollen, ist der auf der rechten Tastaturhälfte liegende Block mit Zifferntasten. Inzwischen gibt es auch Tastaturen für Linkshänder mit links liegendem Ziffernblock. Es kann für Ihr Kind aber nützlich sein, etwas Zeit zu investieren und sich das Zehnfinger-Blindschreiben anzueignen. Dann kann es mit der oben auf der Tastatur befindlichen Ziffernreihe schneller arbeiten. Trainigsprogramme dazu gibt es im Internet.

Videospiele

Videospiele mit einem Joystick als Steuerelement trainieren die Reaktion beider Hände, da jede von ihnen zur gleichen Zeit bestimmte Funktionen ausführen muss. Obwohl man bei manchen Steuerelementen die Schaltknöpfe selbst den verschiedenen Funktionen zuordnen kann, bringt das wahrscheinlich wenig Vorteile, wenn ohnehin beide Hände benutzt werden müssen.

Bei manchen interaktiven Spielen mit Joystick gibt es in den Voreinstellungen eine Option, mit der der Bildschirm wenn nötig gekippt werden kann, damit es für Linkshänder bequemer wird.

Untersuchungen lassen vermuten, dass die Fähigkeit, verschiedenen Aktionen gleichzeitig auszuführen und auf verschiedene Reize gleichzeitig zu reagieren, bei Linkshändern besser ausgebildet ist, was ihnen nicht nur in vielen Sportarten, sondern auch beim Spielen von Videospielen Vorteile verschafft.

Fotoapparate und Videokameras

Die häufigsten Nachfragen von Linkshändern gelten Foto- und Videokameras, die sich mit der linken Hand gut bedienen lassen. Schnappschusskameras sind dabei – außer wenn die rechte Hand besonders schwach ist – kaum ein Problem. Das lästige Visieren mit dem dominanten linken Auge durch einen für das rechte Auge platzierten Sucher ist weitgehend passee: Man bennützt immer mehr den LCD-Monitor.

Spezialkameras und Videokameras aber werden heute immer häufiger ergonomisch gestaltet, und das heißt gewöhnlich ergonomisch für den Gebrauch durch Rechtshänder. Trotz regelmäßiger Nachfragen bei den Herstellern ist die Wahrscheinlichkeit, dass linkshändige Versionen produziert werden, sehr gering. Die Vielzahl von Typen, Marken, Funktionen und Preisklassen sowie die immer kürzeren Abstände, in denen technische Neuerungen aufeinander folgen, machen es unmöglich, eine Linkshänderkamera zu bauen, die die Bedürfnisse aller Benutzer abdeckt.

Diese Schwierigkeiten sind verständlich, mindern aber nicht die Frustration der linkshändigen Benutzer, besonders von Einhand-Videokameras, bei denen Design für Rechtshänder die Norm ist.

Mit der vorhandene Kameraausrüstung ist das Prüfwerteablesen besonders schwierig. Eine kabellose Fernbedienung wird heute vielen Modellen beigegeben. Sie erlaubt, die wichtigsten Einstellungen mit der anderen Hand zu kontrollieren.

Eine Kamera mit in der Mitte angebrachtem Sucher.

Nähen, Stricken und Häkeln

Für alle Handarbeiten gibt es Anleitungsbücher für Linkshänder, aber meist ist es für Ihr Kind einfacher, durch Nachahmung zu lernen als aus einem Buch. Gewöhnlich geht das sehr gut, wenn das Kind einem Rechtshänder gegenüber sitzt.

Nähen

Linkshänder arbeiten beim Nähen gewöhnlich in die entgegengesetzte Richtung wie Rechtshänder. Sie halten die Nadel in der linken Hand, den Stoff in der rechten und arbeiten von links nach rechts. Wenn Sie ihrem Kind gegenübersitzen, kann es leichter nachmachen, was Sie tun, als beim Nebeneinandersitzen. Gleichmäßige Heftstiche oder Vorderstiche bereiten selten Probleme. Das »spiegelbildliche« gemeinsame Arbeiten ist aber hilfreich bei komplizierteren Arbeiten wie beim Sticken.

Eine gute Schneiderschere und eine Stickschere – beide natürlich für Linkshänder – sind beim Nähzeug Ihres Kindes unentbehrlich. Wahrscheinlich wird auch ein Maßband für Linkshänder nützlich sein, dessen Skala in der natürlicheren Richtung von rechts nach links verläuft (siehe S. 122–124).

Stricken

Rechtshänder verstricken sich oft buchstäblich, wenn sie einem Linkshänder das Stricken beibringen wollen. Aber da dies keine eindeutig einhändige Tätigkeit ist wie Nähen oder Häkeln, stricken Linkshänder oft genauso wie Rechtshänder. Beobachten Sie also zuerst einmal, ob Ihr Kind überhaupt Schwierigkeiten hat, ehe Sie helfend eingreifen.

Nach Anweisungen für Rechtshänder stricken zu lernen kann für einen Linkshänder eine verwirrende Erfahrung sein. Wenn Sie Ihr Kind also

Nähmaschinen

Nähmaschinen lassen sich normalerweise gut von Linkshändern bedienen. Lediglich die Position des Fußpedals muss eventuell verändert werden. Der Rechts-links-Konflikt zeigt sich, wenn man zusammengesteckte Stoffe näht. Ein Linkshänder wird Stecknadeln in die entgegengesetzte Richtung stecken wie ein Rechtshänder. Dadurch kann man sie schlecht entfernen, während der Stoff durch die Maschine läuft. Dagegen können Sie dreierlei tun:

- Legen Sie das Teil andersherum, so dass es durch die Lücke unter dem Näharm läuft, anstatt sich links auszubreiten. Das funktioniert allerdings nur bei kleinen Teilen wie Baby- oder Puppenkleidung.
- Übernehmen Sie die bewährte, aber oft vernachlässigte Praxis, immer zwei Stoffteile aneinanderzustecken oder zu heften, bevor Sie sie in der Maschine nähen.
- Finden Sie heraus, in welcher Richtung die Nadeln eingesteckt werden müssen, damit man sie beim Nähen leicht entfernen kann – einige (nicht alle) Rechtshänder tun das instinktiv. Legen Sie sich den Stoff so hin, wie er durch die Maschine läuft, dann wissen Sie, wie Sie die Nadeln einstecken müssen, um sie auch gut wieder herauszuziehen. Wenn möglich stecken Sie lieber über Kreuz als parallel, um Kanten zu schneiden. Dann müssen Sie sich nur merken, dass der Stecknadelkopf an der Kante ist.

Setzen Sie sich als Rechtshänder ihrem Kind gegenüber, es sieht spiegelbildlich, was Sie tun und kann es kopieren.

nicht entmutigen möchten, sollten Sie ihm eine Anleitung für Linkshänder besorgen oder Sie setzen sich ihm gegenüber und zeigen ihm dadurch spiegelbildlich, wie es gemacht wird.

Strickmustervorlagen können von Rechts- wie von Linkshändern benutzt werden. Hat das Kind die Grundlagen des Strickens gelernt, kann es sich daran versuchen.

Häkeln

Eine Häkelnadel kann man rechts wie links halten. Setzen Sie sich dem Kind also wieder gegenüber. Indem es Ihnen spiegelbildlich folgt, lernt es schnell die Grundfertigkeiten. Mustervorlagen zum Häkeln, die internationale Symbole benutzen, können Linkshänder leicht folgen. Sie müssen nur den Symbolen im Uhrzeigersinn anstatt gegen den Uhrzeigersinn folgen.

Knoten, Schleifen und Schnürsenke

Wie man Knoten und Schleifen bindet, ist für jedes Kind mühsam zu lernen, besonders für ein linkshändiges Kind. Es muss – wenn Sie nicht gerade selbst Linkshänder sind – alle Anweisungen, die es von Ihnen bekommt, umkehren. Sitzt ein Rechtshänder aber dem Linkshänder, den er anleiten will, gegenüber anstatt neben ihm, sieht dieser ein Spiegelbild von dem, was der andere macht. Das funktioniert bei Knoten, Schleifen und auch beim Schuhezubinden.

Schuhe zubinden

Viele Kinder lernen das Schuhezubinden nicht, bevor sie fünf oder sechs Jahre alt sind, Mädchen gewöhlich etwas früher als Jungen. Es ist keine leichte Aufgabe und verlangt viel Geduld vom Kind und von dem, der es anleitet.

Linkshänder binden andersherum als Rechtshänder.

Probleme mit Knoten

Am besten bringen Sie Ihrem Kind das Binden von Haarschleifen, Krawattenknoten und Schleifen zum Schuhebinden bei, indem Sie ihm gegenüberstehen, so dass das Kind ein Spiegelbild Ihrer eigenen Ansicht von dem Knoten sieht. Das ist bequemer und wahrscheinlich werden dies auch die Knoten sein, die es im Alltag überwiegend braucht. Ältere Kinder haben vielleicht Hobbys, die sie veranlassen, kompliziertere Spezialknoten zu lernen wie sie beim Segeln oder Bergsteigen üblich sind. Diese Knoten müssen aus Sicherheitsgründen immer fest sein und »richtig« gemacht werden.

Weil die Anleitungen für solche Knoten normalerweise für Rechtshänder geschrieben sind, sollten Linkshänder diese Knoten ebenfalls wie Rechtshänder ausführen und zwar aus einer Reihe von Gründen. Erstens hilft es, mit den festen Bezugsgrößen »rechts« und »links« zu arbeiten, wenn die Anleitungen kompliziert und verwirrend sind. Wichtig ist, ihnen genau zu folgen und das lose Ende z. B. *über* und nicht *unter* ein anderes zu legen, was oft einen anderen oder manchmal auch gar keinen Knoten ergeben kann. Außerdem gibt es natürlich Sicherheitsgesichtspunkte, die daraus resultieren, dass man sich mit anderen in einem Team verständigen muss.

Links- und Rechtshänderknoten

Man nennt Knoten rechts- oder linkshändig, was nichts damit zu tun hat, ob derjenige, der sie macht, rechts- oder linkshändig ist. Ein einfacher Knoten ist z. B. je nachdem rechts- oder linkshändig, ob die zwei Teile sich im oder gegen den Uhrzeigersin umschlingen.

Ds Binden des Schuhbands

Es gibt viele Arten, Schuhbänder zu binden. Hier eine ganz einfache, die Ihr Kind leicht lernen kann.

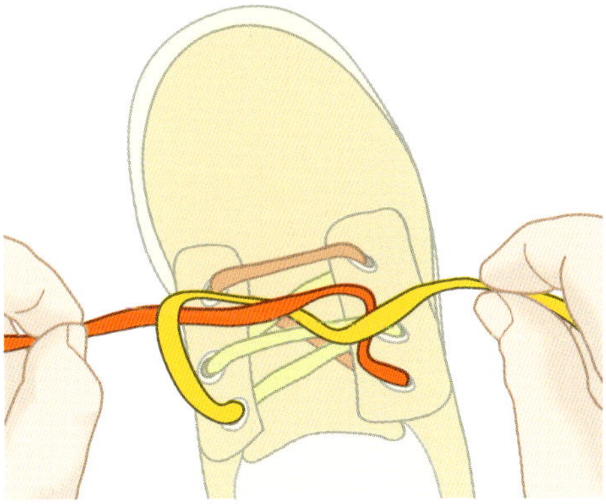

1 Lege das Band in der rechten Hand über das in der linken und führe es unter dem linken durch.

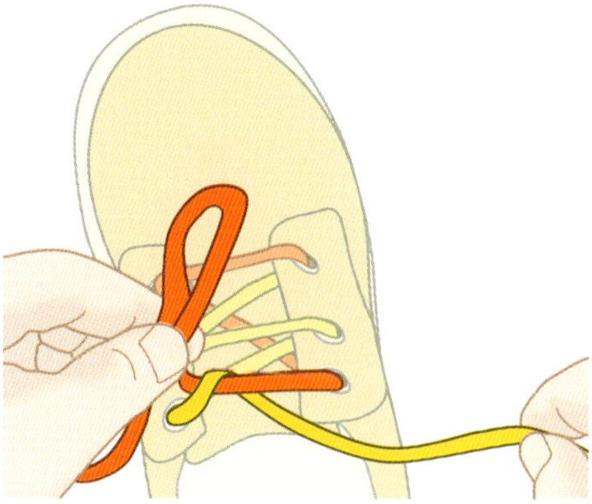

2 Mache eine Schlaufe und halte sie fest.

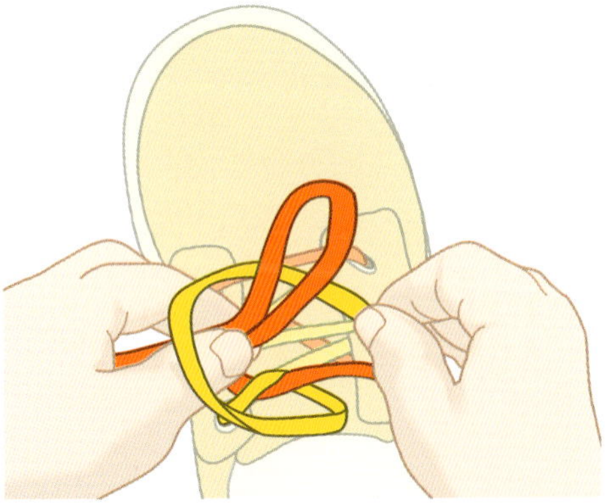

3 Führe das Band in der rechten Hand um die Schlaufe.

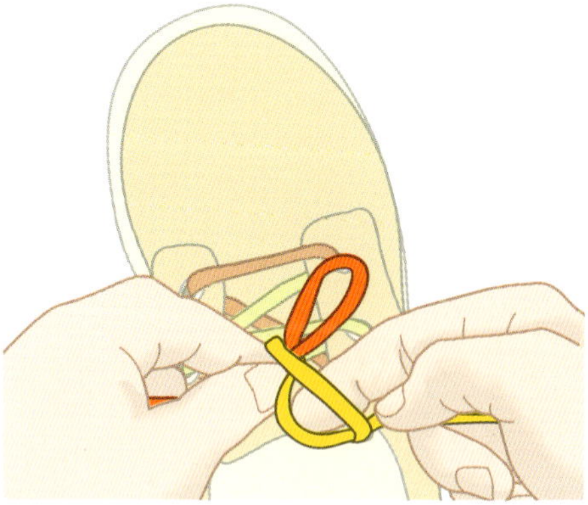

4 Fühe das Band in der rechten Hand so unter sich selbst durch, dass es eine neue Schlaufe bildet.

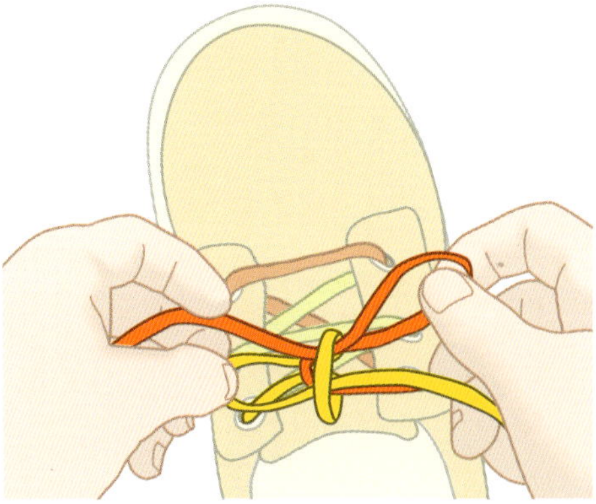

5 Halte die neue Schlaufe mit der linken Hand und die alte mit der rechten.

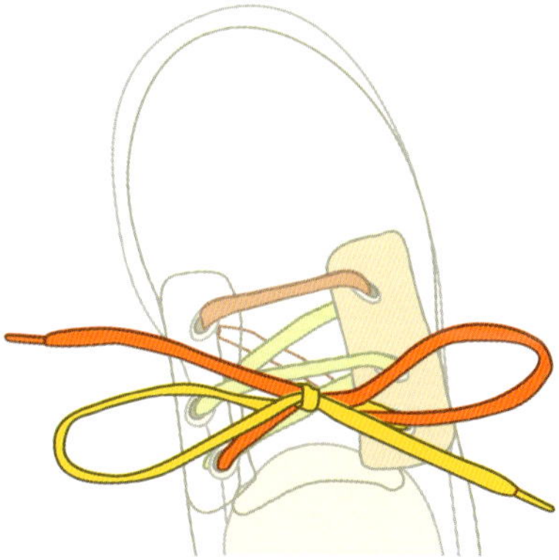

6 Ziehe die Schlaufen fest.

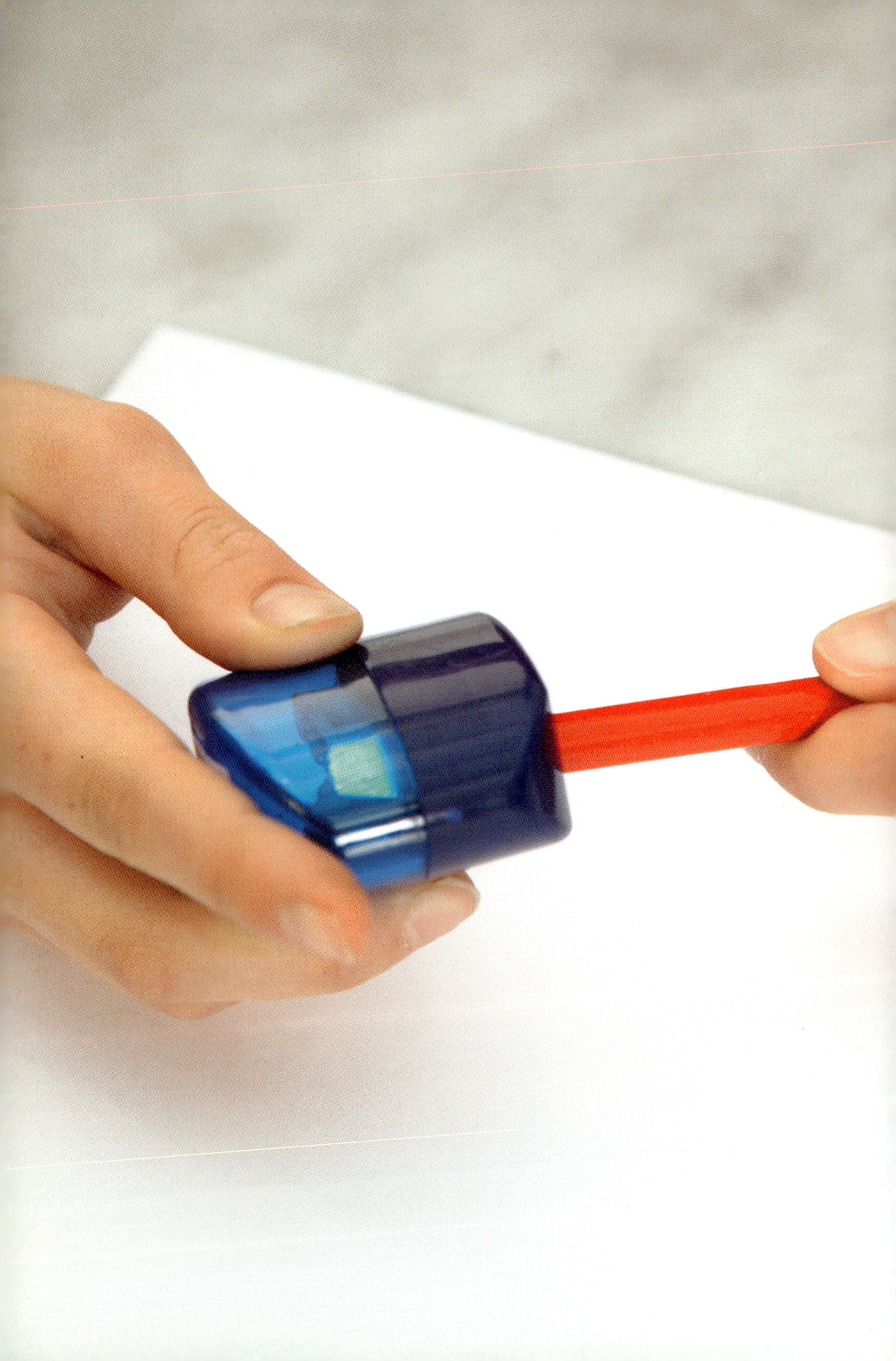

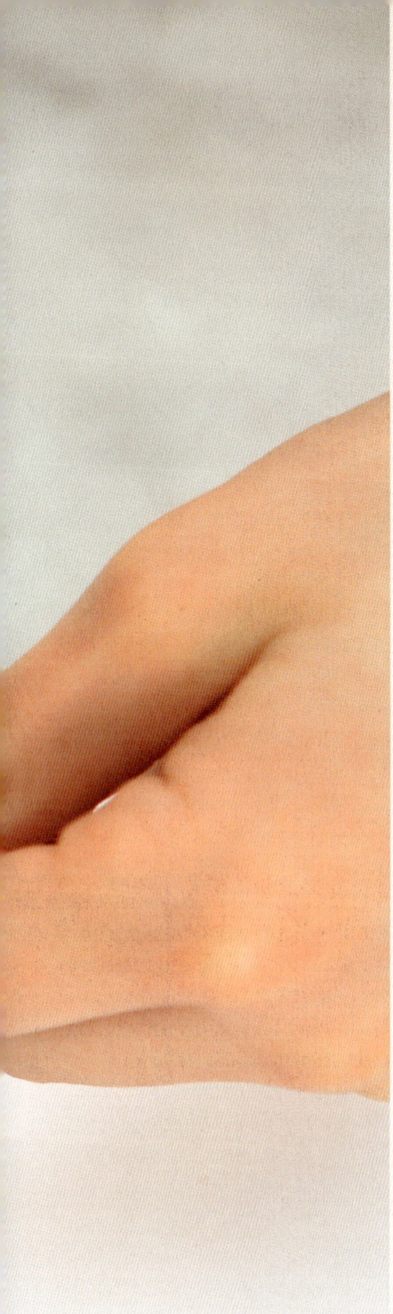

4

Linkshändigkeit in der Schule

In der Klasse

Die Schuljahre können für Ihr Kind eine aufregende Zeit sein. Jeden Tag begegnet es neuen Herausforderungen und macht neue Erfahrungen. Da ist es gut, wenn Sie Ihrem Kind dazu verholfen haben, mit Selbstvertrauen neue Dinge auszuprobieren, jedes Werkzeug und jede Technik, die nicht zufriedenstellend und bequem funktioniert, in Frage zu stellen.

Was Lehrer tun können

Unglücklicherweise dürfen Sie nicht von vornherein erwarten, dass man in der Schule Ihres Kindes weiß, wie man am besten auf die Bedürfnisse von Linkshändern eingeht. Die Lehrer Ihres Kindes sind zweifellos für eine Menge sozialer, kultureller und Entwicklungsprobleme ausgebildet, aber es ist unwahrscheinlich, dass Linkshändigkeit dazugehört.

In der Lehrerausbildung kommt das Thema, wie man Linkshänder unterrichtet, gewöhnlich nicht vor. So treten Junglehrer in den Beruf, denen gar nicht bewusst ist, dass ein Linkshänder Schwierigkeiten gegenübersteht, mit denen er allein gelassen wird. Erfahrenere Lehrer mögen ihre eigene Weise entwickelt haben, wie sie ihre linkshändigen Schüler fördern – das reicht von hervorragend und nachhaltig bis unkompetent und sporadisch. Andere betrachten alle besonderen Anstrengungen für Linkshänder als unnötig. Das Enttäuschende daran ist, dass die Bedürfnisse von Linkshändern so einfach zu erfüllen sind und man sich auch so leicht darüber informieren kann.

Das Verhalten gegenüber Linkshändern hat sich in den vergangenen Jahren verbessert und tut es weiter. Viele Lehrer unterstützen ihre linkshändigen Schüler und sind bestrebt herauszufinden, wie sie ihnen am besten helfen können. Sie erkennen deren Probleme und tun alles, was sie können, um sicherzustellen, dass die Kinder sich in notwendigen Fertigkeiten wie dem Schreiben üben, um mit den übrigen gleichzuziehen.

Die in der Vergangenheit verbreitete Diskriminierung der Linkshänder ist heute weitgehend verschwunden. Heute wird Linkshändern zwar *erlaubt* mit der linken Hand zu schreiben, aber nicht immer *gezeigt,* wie sie es am besten tun können.

Oft glauben Lehrer, dass sie alles tun, was nötig ist, um ihren linkshändigen Schülern zu helfen, doch bei näherer Betrachtung wissen sie noch nicht einmal, dass Linkshänder eine ganz andere Schreibtechnik brauchen oder dass es wichtig ist, auf welcher Seite eines Rechtshänders sie in der Klasse sitzen.

Zwar wissen viele, dass Linkshänder andere Scheren brauchen, enttäuschenderweise investieren sie aber dann in sogenannte »Universalscheren«, die als für Rechts- und Linkshänder geeignet angepriesen werden, obwohl sie es nicht sind (siehe S. 62). An vielen Schulen glaubt man, dass damit der Verantwortung für die linkshändigen Schüler genüge getan sei. Ironischerweise sind linkshändige Lehrer manchmal am unverständigsten, da sie annehmen, dass sie genau wüssten, was jeder Linkshänder braucht.

Wie wir aber aus Kapitel 1 wissen, gibt es verschiedene Grade der Hand-Dominanz oder Bevorzugung, so dass man die besonderen Fähigkeiten jedes einzelnen Kindes berücksichtigen sollte.

Was Eltern tun können

Vielleicht kann Ihr Kind sich wunderbar anpassen. Das Selbstbewusstsein und die Fertigkeiten, die Sie ihm in den ersten Jahren mitgegeben haben, zahlen sich aus, indem es Hindernisse, die sich ihm in der Schule in den Weg stellen, überwindet. Es ist zu erwarten, dass es die Schule dlurchläuft, ohne dass seine Linkshändigkeit jemals ein Problem für es wird, so wenig wie für tausende anderer Linkshänder auch. Die möglichen Hindernisse zu kennen, bedeutet,

Manchmal kennen Lehrer die besonderen Bedürfnisse ihrer linkshändigen Schüler nicht.

dass Sie und Ihr Kind vorgewarnt sind und allen Schwierigkeiten in der Schule konstruktiv und informiert begegnen können.

Lehrer sind für Vorschläge, die die Sitzordnung in der Klasse oder Lehrtechniken betreffen, leider nicht immer offen und man muss dabei sehr diplomatisch sein. Natürlich ist es nicht realistisch zu erwarten, dass eine Schule wegen nur eines Kindes, das vielleicht noch nicht eimal begonnen hat, sie zu benutzen, seine Einrichtung und Ausrüstung über Nacht ändert. Am besten schafft man eine freundliche und positive Beziehung zur Schule und engagiert sich auch für ihre Belange. Beschäftigen Sie sich mit allem, dem Ihr Kind in der Schule begegnet und ermutigen Sie andere Eltern, das Gleiche zu tun. Gibt es Probleme, bestehen Sie darauf, dass sie gelöst werden. Ihr Kind hat das gleiche Recht auf einen ihm angemessenen Unterricht wie jedes rechtshändige Kind auch.

Unterstützung in der Klasse

Wenn Ihr Kind mit einer Aufgabe oder einer neuen Technik kämpft, über die alle anderen ganz selbstverständlich hinweggehen, sollte es genug Selbstbewusstsein haben, sich und andere zu fragen, ob der Grund in Rechtshänder bevorzugenden Geräten liegt. Der Lehrer sollte darauf kooperativ und helfend reagieren und zusammen mit dem Kind eine bequemere und passendere Arbeitsweise oder -technik herausfinden.

Die Einrichtung muss für Ihr Kind angepasst werden.

Linkshändern helfen!

Linkshändige Kinder haben das gleiche Recht darauf, mit ihnen angemessenen Geräten angemessen unterrichtet zu werden, damit sie auf allen Gebieten ihr volles Potential ausschöpfen können. Lehrer merken oft nicht, welche Behinderung manche Dinge für Linkshänder bedeuten. Zum Beispiel hat man kürzlichin einer Studie der Left-Handers' Association herausgefunden, dass 99 % (!) der Linkshänder unter 25 Jahren, die in Ganztagsschulen waren, mit dem Schreiben schlechte Erfahrungen gemacht haben, aber nur 10 % durch ihren Lehrer eine spezielle Anleitung zur Technik des Schreibens mit der linken Hand erhielten. Auf der gegenüberliegenden Seite finden Sie weitere Ergebnisse dieser Studie.

Das erschütternde Ergebnis dieser Studie ist, dass es eine deutliche Lücke in den Kenntnissen der Lehrer in bezug auf ihre linkshändigen Schüler gibt. Zu wenige Lehrer wissen um die Bedürfnisse der Linkshänder noch darum, wie leicht sie erfüllt werden könnten. Dabei wäre dies von eminenter Bedeutung.

Information tut not!

Offenbar gibt es bei Lehrern dringenden Informationsbedarf über einfache und effektive Maßnahmen, die die Vielzahl der Frustrationen überwinden, die linkshändige Schüler erleben. Linkshändigkeit muss kein Problem der Schüler bleiben. Entsprechend ausgebildete Lehrer könnten sie lehren, wie sie sich als Linkshänder an neue Techniken anpassen können.

Untersuchungsergebnisse der Left-Handers' Association

Schreiben

Obwohl spezielle Unterrichtshilfen für Linkshänder heute leicht aus dem Web abgerufen werden können, hatten nur 3 % der Schüler besondere Übungen absolviert oder wurden mit entsprechendem Material zum Schreibenlernen für Linkshänder versorgt. Ärgerlich ist, dass 85 % niemals Anleitungen zur Schreib- und Körperhaltung beim Linksschreiben sowie zur Positionierung des Blatts bekamen. Dies wäre um so wichtiger, als 76 % der Schüler über Rückenschmerzen und Ermüdungserscheinungen der Hand durch schlechte Schreibtechnik klagten.

Das Verschmieren des Geschriebenen ist ein häufiges Problem bei Linkshändern. Über 88 % hatten damit zu kämpfen, aber nur 7 % haben Anleitung erhalten, wie dieses Problem durch eine bessere Handhaltung auszuschalten ist.

Obwohl das Schreiben offensichtlich das Feld ist, auf dem Linkshänder die größten Schwierigkeiten haben, weisen die Untersuchungsergebnisse noch auf viele andere Gebiete des Lehrplans hin. Hauptproblemfelder sind:

Schlechte Schreibtechnik ist ein allgemeines Problem.

Geräte und Ausrüstung

Linkshänder haben regelmäßig mit für Rechtshänder gebauten Geräten Schwierigkeiten, werden aber weder angeleitet, wie sie damit sicher und effizient arbeiten können, noch stellt man ihnen Geräte für Linkshänder zur Verfügung. Wenn sie sich beschweren, bekommen sie gewöhnlich zu hören. »Es ist zu teuer, für so eine kleine Gruppe besondere Geräte anzuschaffen.«, oder: »Du musst eben lernen, mit der anderen Hand zu arbeiten!«

Sicherheit

Ältere Kinder, die zur Holz- oder Metallbearbeitung Elektrowerkzeuge benutzen, die für Rechtshänder konzipiert sind, arbeiten gewöhnlich aus ungeschickten Winkeln und unter Nichtbeachtung von Sicherheitsregeln.

Wahrnehmung von Problemen

Nur wenige Schüler hatten den Eindruck, dass die Lehrer bemerkten, dass sie Linkshänder sind, oder sich vergewisserten, dass sie Werkzeuge sicher und bequem benutzen konnten. Arbeitsplätze, die mit anderen geteilt werden mussten, waren immer für Rechtshänder eingerichtet, obwohl 41 % der Linkshänder dies uneffizient fanden. Ärgerlich ist auch, dass viele Linkshänder nicht den Eindruck haben, dass Lehrer ihre Schwierigkeiten ernst nehmen.

Gleiche Lernchancen

Obwohl Linkshänder viele Tätigkeiten nur ungeschickt ausführen können, gibt es keinen Unterricht zum Erlernen spezieller Techniken für Linkshänder. Besonders genannt wurden Schreiben, Werken, Textiles Gestalten, Sport, Kochen, Datenverarbeitung und Musik.

Lehrerausbildung

Eine Reihe von Lehrern in Ausbildung vervollständigte die Untersuchung und sagte aus, dass sie keine Ausbildung erhalten hätten, wie man linkshändige Schüler unterrichtet.

Besondere Lernanforderungen

Studien zeigen, dass es unter Linkshändern überdurchschnittlich viele Hochbegabte gibt. Oft ist vermutet worden, dass Linkshändigkeit ein Merkmal von Gruppen mit besonderen Lernfähigkeiten ist. Dies mag ein Nebenprodukt der Dominanz der rechten Gehirnhälfte sein.

Hochbegabte Kinder

Wenn Sie ein hochbegabtes Kind haben, kennen Sie sicher die Schwierigkeit, Spiele zu finden, die sein Interesse und seine Aufmerksamkeit länger als ein paar Minuten fesseln. Ihr Linkshänder wird vielleicht konventionelle Lernmethoden wie das Auswendiglernen des Einmaleins in Frage stellen und, um sich grundlegende Kenntnisse anzueignen, neue Herangehensweisen ausprobieren (siehe S. 18 »Alles im Kopf?«).

Dyslexie und Dyskalkulie

Es hat viele Spekulationen darüber gegeben, ob wirklich ein höherer Prozentsatz von Linkshändern an Dyslexie (Lese und Rechtschreibschwäche) und Dyskalkulie (Rechenschwäche) leidet.

Linkshänder sprechen gut auf visuelle und auditive Lernmedien an.

Beobachtungen deuten darauf hin, aber es gibt keine Studie, die es bestätigt. Weil die meisten Schulen die Linkshändigkeit ihrer Schüler nicht erfassen, lässt es sich nicht so leicht überprüfen.

Oft kann eine Lernschwierigkeit ein sonst außergewöhnlich fähiges Kind so behindern, dass seine übrigen Talente davon ganz überschattet werden. Ein Kind mit Lese- und Rechtschreibschwäche kann z. B. was sein räumliches Vorstellungsvermögen betrifft anderen weit voraus sein. Spiele, die die Stärken des Kindes fordern, können es ermutigen, sich schwierigeren Gebieten zuzuwenden und sein Selbstbewusstsein enorm stärken (siehe S. 46–47).

Kinder mit Dyskalkulie haben Schwierigkeiten, einfache Rechenaufgaben zu lösen, obwohl sie oft gut mathematisch denken können. Häufig können diese Kinder, auch wenn sie sie lösen konnten, die Aufgaben nicht aufschreiben. Schlagen Sie Spiele vor, mit denen die häufigsten Defizite der Dyskalkulie vermindert werden, zum Beispiel langsames Rechnen, mangelnde Kenntnis des Einmaleins und ein schlechtes Kurzzeitgedchtnis..

ADS/ADHS

Das Aufmerksamkeitsdefizit-Syndrom (ADS) und die Aufmerksamkeitsdefizit-Hyperaktivitäts-Störung (ADHS) gehen oft mit Lese- und Rechtschreibschwäche einher. ADS-Kinder haben nur eine kurze Aufmerksamkeitsspanne, können leicht abgelenkt werden, neigen zu Tagträumen und dazu abzuschalten. Sie sind oft ruhelos und zappelig, im Extremfall hyperaktiv. Sie tendieren zu plötzlichen heftigen und unüberlegten Ausbrüchen und können Handlungen schlecht im Voraus planen. Sie sind unbeholfene Kinder mit schlecht ausgeprägten feinmotorischen Fertigkeiten und unleserlicher Handschrift. Formalisierte Lernsituationen sind schwierig für sie. Sorgen Sie für entspanntes Üben mit Spaßfaktor! Spiele, die das Kind schnellen Erfolg erleben lassen und bei denen es nicht warten muss, bis es drankommt, sind geeignet. Auch schwierige Puzzles können manche ADS-Kinder so beschäftigen, dass sie alles darüber vergessen. Dabei üben sie ihre feinmotorischen Fähigkeiten und die Koordination von Hand und Auge.

Hat Ihr Kind Schwierigkeiten, versuchen Sie, ihm zu helfen.

Lernschwierigkeiten

Da Linkshändigkeit, sich kreuzende laterale Präferenzen (es dominieren ein Auge und die ihm entgegengesetzte Hand) und Beidhändigkeit bei Kindern mit Lernschwierigkeiten öfter auftreten, ist es wichtg herauszustellen, dass Linkshändigkeit die Lernschwierigkeiten (Dyslexie, Dyskalkulie, ADS oder ADHS) *nicht verursacht.* Sie können aber *zusätzlich* dazu auftreten. Linkshänder stehen vor praktischen Problemen beim Gebrauch von Geräten und Werkzeugen. Wenn Ihr Kind Lernschwierigkeiten hat, ist es unwahrscheinlich, dass dies an seiner Linkshändigkeit liegt. Suchen Sie deshalb immer nach einer tiefer liegenden Ursache.

Wie lernt die rechte Gehirnhälfte?

Wegen der Dominanz ihrer rechten Hirnhälfte, die der Sitz der visuellen und kreativen Fähigkeiten ist, können viele Linkshänder Informationen besser über visuelle und taktile Signale aufnehmen.

Lernstile

Wir alle nehmen Informationen aus der Umwelt auf drei verschiedene Arten auf, durch Sehen (visuell), durch Hören (auditiv) und durch unser Bewegungsgefühl (kinästhetisch). Obwohl wir alle drei Arten täglich benutzen, bevorzugen die meisten doch eine davon vor den anderen. Jeder schafft sich die für ihn effektivste Methode, sich mit anderen zu verständigen und zu lernen.

Die traditionelle Unterrichtsmethode, ein Vortrag in der Klasse mit wenigen Bildern oder anderen Anschauungsmitteln, ist für visuelle und kinästhetische Lerntypen nicht effektiv. Deshalb sind die besten Lehrer diejenigen, die alle Lerntypen ansprechen und ihre Sätze mit Wendungen anreichern wie: »Ihr werdet sehen, …«, »Wir werden das in den Griff kriegen …«, »Hört Ihr, dass …« oder »Was fühlt ihr, wenn …« und damit jeden einzelnen einer Gruppe erreichen. Spiele und Aktivitäten sollten alle Sinne ansprechen und den Kindern Gelegenheit geben zuzuschauen, zuzuhören oder mitzumachen.

Wenn Sie wissen, welchen Kommunikationsstil Ihr Linkshänder bevorzugt, können Sie sich darauf einstellen und vermeiden Konflikte, die daraus entstehen, dass Sie ihren eigenen Stil benutzen, mit dem Ihr Kind vielleicht Schwierigkeiten hat. Es macht z. B. keinen Sinn, ein Kind zum Zuhören zu zwingen, das am besten auf visuelle Informationen anspricht.

Probieren Sie verschiedene Spiele und Lernmaterial aus, um herauszufinden, wie Ihr Kind am besten lernt.

Visuell, auditiv oder kinästhetisch?

Was für ein Lerntyp ist Ihr Kind? Stellen Sie ihm die folgenden Fragen. Die Antworten zeigen, ob es Informationen besser aufnimmt, wenn sie ihm visuell (v), auditiv (a) oder kinästhetisch (k) angeboten werden.

Wie merkst du dir die Lösungen, wenn du das Einmaleins lernst?
- Du siehst sie dir an, deckst sie ab und versuchst, dich daran zu erinnern. (v)
- Du liest sie dir laut vor. (a)
- Du nimmst Finger und Hände zu Hilfe. (k)

Du musst dir merken, wie eine Reihe von Wörtern geschrieben wird. Was machst du?
- Du sagst dir die Wörter immer wieder laut vor. (a)
- Du schreibst die Wörter immer wieder ab. (k)
- Du siehst dir jedes Wort genau an und merkst dir, wie es geschrieben wird. (v)

Wie merkst du dir am besten die Reihenfolge verschieder Dinge von einer Liste?
- Du stellst die Dinge im Spiel oder in einem Tanz dar. (k)
- Du liest die Liste mehrmals. (v)
- Du machst eine Lied oder einen Spruch daraus. (a)

In der Geschichtsstunde lernst du etwas Neues. Wie merkst du es dir am besten?
- Beim Ansehen eines Videos. (v)
- Wenn du eine Tonaufnahme hörst, die erklärt, was passiert ist. (a)
- Wenn du das Geschehen spielst. (k)

Du lernst in einer fremden Sprache zählen. Wie geht das am besten für dich?
- Du singst die Zahlwörter. (a)
- Du benutzt Karten oder Poster. (v)
- Du spielst ein Zahlenspiel. (k)

Du möchtest wissen, wie ein Wecker funktioniert. Was machst du?
- Du nimmst den Wecker auseinander und setzt ihn wieder zusammen. (k)
- Du betrachtest das Innere des Weckers auf einer Zeichnung. (v)
- Du hörst dem Lehrer zu, der es dir erklärt. (a)

Du hast mit fremder Hilfe schon einmal einen Kuchen gebacken. Diesmal möchtest du es alleine machen. Wie gehst du vor?
- Du machst alles nach einem Rezept. (v)
- Du fragst jemanden, was du tun musst. (a)
- Du fängst einfach an und erinnerst dich während des Backens, wie du es das letzte Mal gemacht hast. (k)

Alle Sinne ansprechen!

Sehen Sie sich nach Lehrmaterial um, das wichtige Fähigkeiten einmal anders vermittelt. Kartenspiele mit dem Einmaleins haben sich bei vielen Linkshändern bewährt. Brettspiele, mit denen der Wortschatz einer Fremdsprache spielerisch geübt werden kann, sind eine gute Alternative. Ihr Kind (und Sie) lernen nützliche Standardsätze, indem Sie miteinander spielen.

Mind Maps (Assoziogramme) sind kreative visuelle Lernhilfen, die besonders die überwiegend von der rechten Hirnhälfte Gesteuerten ansprechen sollen. Sie sind in Schulen und Universitäten sehr verbreitet. Das Mind-Mapping wurde von Tony Buzan entwickelt, um das Denkpotential der rechten Hirnhälfte nutzbar zu machen und die Lernfähigkeit zu steigern. Die Schüler zeichnen Bilddiagramme, um Beziehungen darzustellen, die zwischen einzelnen Informationen zu einem Thema bestehen. Mit einfachen Bildern und Stichworten entstehen bunte baumartige Beziehungsnetze von Begriffen, die leicht verstanden und erinnert werden.

Mind Maps sind ein ausgezeichneter Weg, um Kreativität nutzbar zu machen und das Denken in Bildern anzuregen, eine Lernhilfe und ein Organisationsmittel, mit dem Linkshänder gern arbeiten.

Die Ausstattung der Schule

Ein ständiges und weit verbreitetes Problem ist die Nichtbeachtung der Schwierigkeiten, die entstehen, wenn Linkshänder scheinbar einfache Tätigkeiten ausüben sollen, aber dies in einer Haltung oder mit Geräten tun müssen, die ihrer natürlichen Bewegungstendenz gänzlich widerstrebt.

Linkshänder wahrnehmen!

Für Schulen ist es wichtig, herauszufinden, wo Linkshänder lästige Umbequemlichkeiten auf sich nehmen und Schwierigkeiten haben. Leider werden diese Probleme in der Klasse oft nicht erkannt, und häufig auch nicht als bemerkenswert angesehen. Ein guter Lehrer, der merkt, dass ein linkshändiger Schüler Schwierigkeiten hat, sollte (ein selbstverständlicher Teil der Lehraufgabe!) der Sache auf den Grund gehen und durch Anpassung von Geräten oder Arbeitshaltung nach einer Lösung suchen. Wird ein Kind mit den Problemen allein gelassen, fühlt es sich ausgegrenzt, wird sich zurückziehen, das Interesse am Lehrstoff verlieren und sich schließlich auch gegen gutgemeinte Ratschläge sträuben.

Wandtafeln

Linkshänder können ihre Schreibtechnik durch Schreiben an der Wandtafel verbessern. Dabei werden die größeren Armmuskeln betätigt, die Schulter entlastet und die Spannung gelockert, die sich beim Schreiben am Tisch aufbauen kann. Folgt die Linke dem Geschriebenen und verwischt es, muss die Handhaltung korrigiert werden. Dazu die folgenden Tipps:

- Kreide oder Marker sollten weit entfernt von der Spitze gehalten werden, damit die Hand beim Schreiben nicht auf der Tafel aufliegt.
- Ein großzügiger, entspannter Schreibstil, bei dem die Schreibbewegung mit dem ganzen Arm aus der Schulter heraus geführt wird, sorgt dafür, dass die Hand immer unterhalb der Zeile bleibt. Das kann dazu führen, dass das Kind zuerst weiter oben an der Tafel, etwas oberhalb der Schulter schreibt.
- Mit dem Schreiben sollte das Kind links vom Körpers beginnen, dadurch ist die Hand unter der Zeile und das Schreibwerkzeug wird beim Schreiben zum Körper hin gezogen, so dass die Hand das Geschriebene nicht verschmiert.

Schreibunterlagen schräg legen!

Schreibunterlagen, die in einem Winkel von etwa 20° schräg liegen, sind sind eine große Hilfe, um einen gekrümmten Arm oder eine schlechte Haltung zu korrigieren oder zu verhindern. Die Kinder sitzen aufrechter, haben einen guten Blick auf das Geschriebene und können schreiben, ohne die Schultern zu beugen oder den Nacken zu verdrehen.

In Ihrer Schule wird es sicher Schreibunterlagen geben, da sie auch für Rechtshänder hilfreich sind. Manchmal ist die Oberfläche recht hart, dann kann eine Papierunterlage das Schreiben bequemer machen.

Hefte mit Spirale und Ringbücher

Beginnt man eine neue saubere Seite, ist dies traditionellerweise einen rechte Seite. Bei spirlgebundenen Heften und Ringbüchern ist das für Linkshänder sehr unbequem, da die

Hätten Sie das gewusst?

Linkshänder, die mit dem Daumen ein Buch oder eine Zeitschrift schnell durchblättern, tun dies überwiegend von hinten nach vorn und benutzen den linken Daumen zum Blättern. Die Bewegung wird in dieser Richtung als natürlicher empfunden.

Spirale oder die Ringheftung direkt unter der linken Hand und dem Arm liegt. Das ist unangenehm, macht das Schreiben auf Dauer unbequem und verleitet dazu, die richtige Handhaltung aufzugeben und nach einer anderen zu suchen. Mit ein paar einfachen Vorkehrungen kann man diesem Problem zu Leibe rücken.

Mit einem Heft mit der Spiralbindung am Kopf anstatt auf der Seite vermeidet man die Probleme, oder das Kind beginnt hinten und beschreibt das Heft von hinten nach vorn.

Ein Ringbuch mit gelochtem Linien- und Deckblatt kann leicht für einen Linkshänder umgerüstet werden, indem man das letzte Blatt oder den Kartonrücken entfernt und auf der letzten Seite beginnt. So bleibt der Seitenrand links, aber die Ringe sind nun rechts und der Hand nicht mehr im Weg.

Wenn Ihr Kind sein Arbeitsheft für seine Bedürfnisse verändert, sollten Sie dem Lehrer den Grund erklären, damit dies nicht als schlechte Angewohnheit aufgefasst wird.

Arbeitsbücher und Testbögen

Haben Linkshänder den Papierbogen oder das Heft richtig positioniert, werden sie es wahrscheinlich einfacher finden, wenn das Arbeitsbuch rechts von ihnen liegt. Wenn sie aber Arbeitsbögen ausfüllen, auf denen links Fragen sind und rechts Platz für Antworten ist, verdecken sie den Text entweder mit der Hand oder er ist zu weit weg, um bequem gelesen zu werden. Eine Fotokopie oder ein weiteres Exemplar, das rechts vom Arbeitsblatt liegt, kann hier helfen.

Das Problem verschärft sich bei Multiple-Choice-Tests, bei denen in der rechten Spalte Felder anzukreuzen sind. Linkshänder müssen häufig die Position wechseln, um die nächste Frage zu lesen, was Zeit kostet. Steht für den Test nur eine begrenzte Zeit zur Verfügung oder ist die Zeit, in der die Fragen beantwortet werden, ein Bewertungsfaktor, entsteht dadurch eine Nachteil. Auch hier schafft ein zweites, rechts platziertes Exemplar wieder Abhilfe. Es sollte aber mit dem ersten genau bündig liegen, damit die Antworten auch zu den Fragen geschrieben werden, zu denen sie gehören.

Scheren

Ein Werkzeug, das für jedes linkshändige Kind verfügbar sein sollte, ist eine Linkshänderschere. Schulen sind oft nicht ausreichend damit versorgt. Stattdessen hat man an vielen Schulen sogenannte »Universalscheren« für die Klassen angeschafft, weil man den Anpreisungen der Hersteller glaubt, diese seien für Rechts- wie Linkshänder geeignet. Das ist aber eindeutig falsch. Warum ein linkshändiges Kind unbedingt eine Linkshänderschere haben sollte, ist auf S. 60–63 im Kapitel »Scheren benutzen« ausführlich dargelegt.

Wenn Linkshänder links sitzen, gibt es keine Probleme.

Die Sitzordnung in der Klasse

Dieses Problem ist Lehrern oftmals nicht bewusst, so dass man sie (taktvoll!) darauf hinweisen sollte. Sitzen zwei Schüler an einem Pult oder Tisch, ist es offensichtlich, dass, wenn ein Rechtshänder links von einem Linkshänder sitzt, beide unvermeidlich beim Schreiben mit den Ellenbogen aneinanderstoßen und dadurch von ihrer Arbeit abgelenkt werden. Die Ursache ist außerdem, dass der Linkshänder sich nach der Seite dreht und eine schlechte Haltung annimmt, in der er nicht so gut schreiben kann und Arm und Hand einen Haken bilden, wie man es bei vielen Linkshändern sieht. Der Lehrer hat drei einfache Möglichkeiten dieses Problem zu lösen:

- Die beiden Schüler zu bitten, die Plätze zu tauschen.
- Zwei Linkshänder zusammen zu setzen.
- Wenn es längere Sitzreihen gibt, sollte er den Linkshänder ans linke Ende einer Reihe platzieren.

Auch an Einzeltischen können bestimmte Platzierungen innerhalb der Klasse für Linkshänder ungünstig sein. In der für sie richtigen Schreibhaltung ist es für sie schwieriger nach rechts zu schauen, um die Tafel zu sehen, als nach links. Das kann eine Belastung werden, wenn viel von der Tafel abgeschrieben wird. Ideal ist eine Platzierung in der rechten Hälfte des Klassenraums (vorausgesetzt, die Tafel ist in der Mitte angebracht). Von dort können sie beim Schreiben zur Tafel sehen, ohne dass sie ihre Haltung verändern müssen.

Der Lehrer sollte auch darauf achten, dass die Richtung, aus der das Licht kommt, nicht nur für Rechtshänder günstig ist und dass kein Linkshänder mit Hand oder Körper seine Arbeit »in den Schatten stellt«.

Lineale

Die Messskala eines Lineals läuft von links nach rechts, so dass ein Rechtshänder den Stift an der Kante entlangführen und eine Linie ziehen kann, deren Länge er gleichzeitig an der Skala abliest. Ein Linkshänder muss den Stift von links schieben, das verringert den Tintenfluss oder macht den Bleistift stumpf, so dass die Linie am Ende dicker wird als am Anfang. Kleinere Kinder kratzen auch leicht und verletzen eventuell das Papier. Um das zu vermeiden, ziehen Linkshänder oft Linien umgekehrt von rechts nach links. Zum Unterstreichen in Ordnung, aber unpraktisch zum Messen.
Um z. B. eine Linie von 8 cm zu ziehen, entspricht es ihrer natürlichen Bewegungsrichtung, bei der 8 zu beginnenund den Stift bis zur 0 zu führen. Allerdings können sie dabei zwar die 8 sehen, an der sie mit der Linie anfangen, dann verdeckt ihre Hand aber die linke Seite des Lineals, sie können die Skala und die 0 nicht mehr sehen, manchmal auch nicht, wo das Lineal zu Ende ist. Sie fahren darüber hinaus und die Linie endet mit einem Haken.

Die Lösung ist ein Lineal für Linkshänder, bei dem die Messkala von rechts nach links läuft. An

Ein Linkshänderlineal mit umgekehrter Messskala.

Einen Bleistiftspitzer für Linkshänder dreht man gegen den Uhrzeigersinn.

einem solchen Lineal wird der Stift nach links geführt, die Messskala verläuft dabei aufsteigend und die Linie bleibt die ganze Zeit im Blickfeld.

Gibt es keine Lineale, Winkelmesser u. Ä. für Ihr Kind, ist es manchmal leichter, das Arbeitsheft einfach seitlich zu drehen, so dass das Kind von oben nach unten messen und die Linie mit der Hand an der linken Seite der Skala ziehen kann.

Bleistiftspitzer

Bleistiftspitzer sind so gestaltet, dass die Klinge schneidet, wenn der Bleistift, den man in der rechten Hand hält, vom Körper weg gedreht wird. Hält man den Stift in der linken Hand, zeigt die Klinge in die andere Richtung und der Stift muss zum Körper hin gedreht werden. Das ist viel unbequemer und auch weniger effektiv. Man fasst den Stift nicht so sicher und die Bewegung kann nicht so gut gesteuert werden. Die abgeschälten Späne fallen auf den Tisch oder in den Schoß.

Ein Linkshänderspitzer hat die Klinge auf der gegenüberliegenden Seite, so dass auch Linkshänder den Stift vom Köper weg drehen können und die Späne direkt in den Behälter geleitet werden.

Stühle mit hochklappbaren Schreibflächen

Eine der häufigsten Ursachen von schlechter Haltung und Rückenschmerzen ist es, wenn Linkshänder in Stühlen sitzen müssen, an deren rechter Seite eine hochklappbare Schreibfläche angebracht ist. Gerade dadurch, dass sie für Rechtshänder so bequem sind, werden sie für Linkshänder äußerst unbequem und unpraktisch. Die Schreibfläche gibt dem linken Arm keine sichere Stütze, das führt zu Verspannungen in der Arm- und Schultermuskulatur und damit zu einer schlechten Schreibhaltung. Der Linkshänder muss eine verdrehte vornübergebeugte Haltung annehmen, um die Hand beim Schreiben wenigstens etwas zu stützen

Die Hersteller von Schulmöbeln bieten auch Stühle mit an der anderen Seite angebrachten Schreibflächen an. Man sollte die Schulen veranlassen, einmal festzustellen, wie viele Linkshänder eine Klasse hat, damit jedes Kind einen passenden Arbeitsplatz bekommt.

Arme Linkshänder!

Einem Linkshänder, der in einer Klasse nur Stühle mit Schreibflächen für Rechtshänder vorfindet , sagt man, dass es »irgendwo im Haus« auch ein paar Stühle für Linkshänder geben müsse und man schickt ihn diese zu suchen, während der Rest der Klasse mit dem Unterrricht fortfährt. Das ist nicht nur Verschwendung der kostbaren »Lernzeit« des Schülers, es bringt ihn auch in Verlegenheit. Die Folge ist, dass er sich das nächste Mal in einen Stuhl für Rechtshänder quetschen, versichern wird »Alles in Ordnung, das geht ganz gut!« und nie wieder nach einem Stuhl für Linkshänder fragen wird. Die Folgen sind dann schlechte Schreibleistungen und Rückenschmerzen.
Es sollte Aufgabe der Schule sein, jedem Kind einen optimalen Arbeitsplatz zur Verfügung zu stellen und es darf nicht sein, dass ein Kind darum bitten muss.

Die besten Tipps für die Schule

Die Einschulung ist ein wichtiger Schritt im Leben Ihres Kindes. Es wird ihr mit einer Mischung aus Erwartung und Unsicherheit entgegenfiebern. Für die Entwicklung eines gesunden Selbstbewusstseins, für das Lernen von sozialem Verhalten und für den Schulerfolg ist es ganz wichtig, dass seine ersten Erfahrungen mit der Schule positiv verlaufen.

Die richtige Ausrüstung

Ein paar einfache Dinge machen für den Fortschritt Ihres Kindes beim Ausschneiden und Schreiben einen großen Unterschied. Stellen Sie fest, ob diese in der Schule vorhanden sind. Wenn nicht, Schaffen Sie diese Dinge an.

- Dicke Bleistifte und Stifte mit Dreikantgriff
- Ein Linkshänder-Aufsteckgriff für Stifte
- Schreibunterlage für Linkshänder, die die richtige Lage des Papierbogens zeigt und Informationen zur Handhaltung und enthält
- Eine richtige Linkshänderschere. Wenn Sie dem Kind eine eigene mitgeben, sollte diese gut gekennzeichnet sein. (siehe S. 60–63)

Beginnt Ihr Kind, mit dem Füller zu schreiben, suchen Sie einen ergonomisch für Linkshänder geformten aus. Damit hat Ihr Kind eine bessere Kontrolle über die Schreibbewegung. Die Feder eines Linkshänderfüllers sollte auf besondere Weise abgeschrägt sein.

Achten Sie auch auf andere Gegenstände für Linkshänder, die es gibt (siehe S. 122–123), aber lassen Sie Ihr Kind immer zuerst versuchen, mit den »normalen« Versionen zurechtzukommen.

Das Schreiben

Das Schreiben mit der Hand ist das augenfälligste Problem, dem sich Ihr Linkshänder stellen muss. Um lesbar zu schreiben, muss er sich

Ermutigen Sie Ihr Kind, in der Schule Standard-Geräte auszuprobieren und sich eventuell an sie anzupassen. Neues sollte es mit beiden Händen versuchen. Vielleicht geht manches auch mit rechts. »Links«händer sind oft auch »viel«seitig!

stärker anstrengen als ein Rechtshänder und es kann länger dauern, bis er der Aufgabe gerecht wird. Stellen Sie sicher, dass der Lehrer dafür Verständnis hat, und lesen Sie die Tipps zu Schreibproblemen auf S. 54.

Sitzordnung

Um aneinanderstoßende Ellenbogen und eingeschränkten Platz zu vermeiden, sollte der Linkshänder immer auf der linken Seite eines Zweierpults, am linken Ende einer Reihe oder neben einem anderen Linkshänder sitzen. Der Lehrer muss sich vergewissern, dass genug Platz vorhanden ist, ein Papierblatt leicht nach links versetzt vor das linkshändigen Kind zu legen. Gibt es Stühle mit hochklappbaren Schreibflächen, sollte das Kind eine Version für Linkshänder bekommen.

Arbeitsmaterial

In Physik, Chemie und beim Kochen ist es sicherer und bequemer für einen Linkshänder, wenn Chemikalien, Material und Zutaten auf dem Arbeitsplatz links von ihm stehen (für Doppelarbeitsplätze siehe S. 86, Kasten).

Elektrische Geräte

Wenn zur Holz- und Metallbearbeitung oder zum Nähen elektrische Geräte eingesetzt werden, sollte sich der Lehrer vergewissern, dass das Kind Sicherheitsschalter o. Ä. im Notfall mit der linken Hand gut erreichen kann. Die Kinder sollten die Geräte auf jeden Fall gut beherrschen, ehe sie alleine damit arbeiten dürfen.

Computer

Kann das Kind die Computermaus schon gut führen, können Sie nach einem Computer mit einer Maus für Linkshänder fragen, oder Sie laden sich Software herunter, mit der sich die Zuordnung der Maustasten umschalten lässt.

Arbeitsbücher und Ringhefte

Wenn durch die Bindung von Ringbüchern oder spiralgebundenen Blocks das Aufschreiben von Notizen unbequem ist, kann Ihr Kind versuchen, sich Mind Maps zu erstellen (siehe S. 83) und den Notizblock dabei quer nehmen. Dann liegt die Spirale oben, ist aus dem Weg und das Kind kann visuell kreativ sein. Das kommt Linkshändern entgegen und geht schneller als Texte zu schreiben.

Bei gedruckten Arbeitsbüchern oder Testbögen mit Fragen auf der linken und Antwortspalten auf der rechten Seite können Hand und Arm des Linkshänders die Fragen verdecken oder sie sind zu weit links, als dass er sie lesen könnte. Eine Kopie der Buchseite oder ein zweiter Testbogen rechts von der Antwortspalte platziert, ist hier eine Hilfe.

Die ersten Schultage

Mit Enttäuschungen umgehen Ihr Kind wird wahrscheinlich mit vielen neuen Dingen und Geräten konfrontiert und einiges davon wird ihm unhandlicher vorkommen als seinen Klassenkameraden. Natürlich kann das frustrierend sein, doch wenn es lernt, in solchen Situationen gelassen und an seiner Aufgabe zu bleiben, kann ihm das auch in der weiteren Zukunft helfen. Ermutigen Sie es, nach den Ursachen solcher Probleme zu fragen und arbeiten Sie mit dem Lehrer daran, eine Lösung zu finden.

Achtung! Wenn spiegelbildliches Schreiben, feinmotorische Schwierigkeiten oder die Unfähigkeit, fließend zu schreiben, nach dem 6. Lebensjahr andauern, kann das auf mögliche Entwicklungsstörungen, Lernschwierigkeiten oder eine visuelle Beeinträchtigung hinweisen. In diesem Fall kann die Schule entsprechende Maßnahmen vorschlagen.

Sprechen Sie mit dem Lehrer! Versuchen Sie von Anfang an, zum Lehrer Ihres Kindes eine gute Beziehung aufzubauen. Sagen Sie ihm, dass das Kind Linkshänder ist, und finden Sie diplomatisch heraus, ob er einem Linkshänder, der Schwierigkeiten hat, helfen kann (und will). Ist das Kind in seiner Händigkeit bei der Einschulung noch nicht festgelegt, bitten Sie ihn, dem Kind zu erlauben, zunächst beide Hände zu benutzen, damit es sich selbst entscheiden kann. Bleiben Sie immer taktvoll und machen Sie keine Vorschläge ohne zwingenden Anlass.

Die Technik des Schreibens

Linkshänder müssen beim Schreiben ein paar einfache, aber grundlegende Techniken lernen, die anders sind als die, die für Rechtshänder gelten. Deshalb braucht Ihr Kind besondere Anleitungen, wie es als Linkshänder an das Schreibenlernen herangeht. Es darf nicht den Techniken folgen, die man seine rechtshändigen Klassenkameraden lehrt oder einfach mit dem Problem allein gelassen werden, so dass es sich »irgendwie durchwurstelt«.

Die richtige Handhaltung, früh geübt, macht den Übergang zum Schreiben mit dem Füller einfacher.

Zurück zu den Grundlagen

Es ist vergleichsweise einfach, Schulanfängern die richtige Schreibhaltung beizubringen, da ihnen die rhythmische Bewegung beim Bilden von Buchstaben Spaß macht. Sie kennen dabei noch keine Stockungen, die dazu führen, dass zu starker Druck erzeugt wird (siehe S. 40–43 »Vorstufen des Schreibens«).

Viele Kinder haben erst Schwierigkeiten mit dem Schreiben, wenn sie zum Füller wechseln und schlechte Handhaltung zum Verschmieren führt. Manche sogar erst, wenn sie sich viele Notizen machen müssen, durch schlechte Haltung zu langsam dabei schreiben und Verspannungen und Schmerzen in Hand und Rücken bekommen. Wenn Ihr Kind mit dem Schreiben Schwierigkeiten hat, nützt es oft zu den Grundlagen zurückzukehren (siehe S. 92–93). Verringern Sie Druck und Stress und erzeugen Sie im Kind eine positive Einstellung zum Schreiben, damit es Fortschritte erkennt und Erfolg spürt.

Gegen schlechte Angewohnheiten

Wenn Ihr Kind schon eine Weile schreibt, wird es die neue Haltung, die Sie ihm vorschlagen, vielleicht unpraktisch finden. Das mag komisch klingen, da Sie die zu einem verkrampften Haken gekrümmte Hand durch eine entspannte Schreibhaltung ersetzen. Aber auch Muskeln können schlechte Angewohnheiten haben, so dass eine neue entspannte Haltung dann als ungewohnt = unbequem empfunden wird. Hat ein Kind einmal gelernt, Buchstaben in einer bestimmten Haltung zu schreiben, ist es schwer, dies plötzlich anders zu tun. Deshalb wird auch das Geschriebene beim Ausprobieren der neuen Haltung und Papierposition zunächst weniger flüssig und ausgeformt erscheinen und mehr Mühe machen. Sagen Sie dem Kind, dass das am Anfang natürlich ist und bald besser wird.

Mit der regelmäßigen Anwendung der neuen Technik wird das Kind schnell die alte Fertigkeit wiedererlangen und von da aus fortschreiten. Ein paar Tage in der Schule angewendet, und das Kind merkt, dass das Schreiben plötzlich besser »von der Hand« geht.

Die Lehrer Ihres Kindes sollten wissen, dass es versucht, seine Schreibtechnik zu verbessern, damit sie die Übergangsschwierigkeiten tolerieren und es notfalls an die richtige Haltung erinnern, wenn es in die alte zurückfallen sollte. Geben Sie Ihrem Kind nicht das Gefühl, dass es nun *anders* schreiben soll, sondern sagen Sie ihm dass es so *leichter* schreiben kann. Und zwingen Sie es nicht zum Üben, wenn es keine Lust dazu hat.

Vertrauen gewinnen

Wenn ich anfange, mit einem Kind zu arbeiten, das Schreibschwierigkeiten hat, bitte ich es zuerst, mir zu zeigen wie es schreibt und Sie dürfen sicher sein, Ich lobe irgendetwas, was es beim Schreiben gut macht. Nach einer kleinen Unterhaltung zur Auflockerung, vieleicht zeigen wir uns gegenseitig, wie wir die Buchstaben schreiben oder erzählen, welchen Stift wir am liebsten mögen, verrate ich dem Kind einen Trick: »Ich weiß, wie man das Verschmieren (oder ein anderes Problem) verhindern kann!« Dann erlebt das Kind oft, dass das Problem verschwindet, wenn es meinem Rat folgt.

Ein ergonomisch geformter Stift verbessert die Schreibhaltung.

Buchstaben- und Bindungsformen

Die einfachen Formen, aus denen die Buchstaben bestehen und mit denen sie verbunden werden, sind Grundlage einer flüssigen Handschrift. Schreibanfänger können sie üben, genauso wie Erwachsene, die die Leserlichkeit ihrer Handschrift verbessern möchten.

Grund- und Bindungsformen

Die Grundformen können in rhythmischer Wiederholung in normaler Größe auf Papier oder größer an der Tafel geübt werden. Das Kind soll dabei einen fließenden Rhythmus finden.

1 Girlanden

2 Arkaden

3 Schleifen

4 Wellen

5 Kombination von 1 und 4

6 Zickzacklinie

Schulstrategien

In Schulen werden die Buchstabenformen nach einem vorgegebenen Schema gebildet, das die Schüler einhalten sollen.
Es ist aber auch die Aufgabe der Schulen, den Linkshändern zu helfen. Deshalb sollten sie die hier angeführten kleinen Abweichungen vom Schema gestatten, damit den Linkshändern das Schreibenlernen leichter gemacht wird.

Das Bilden der Buchstabenformen

Linkshänder bilden einige Buchstabenformen ein bisschen anders als Rechtshänder (siehe gegenüberliegende Seite). Wie man sieht, besteht der Hauptunterschied darin, dass die horizontalen Linien, die Rechtshänder von links nach rechts ziehen, hier von rechts nach links gezogen werden, weil das Schreibwerkzeug beim Ziehen weniger Widerstand leistet als beim Schieben.

Das gilt besonders für Füllfederhalter. Bei ihnen wird dann der Tintenfluss unterbrochen und die Federspitze verhakt sich im Papier. Auch der Buchstabe O wird gegen den Uhrzeigersinn geschrieben, hier merkt auch der Rechtshänder das Haken.

Die Unterschiede im Buchstabenaufbau sollten beim Schreibunterricht für Linkshänder berücksichtigt werden, damit sie es später, besonders wenn sie zum Schreiben mit dem Füller übergehen, leichter haben.

Der richtige Wortabstand

Kindern wird oft gesagt, der Wortabstand sollte eine Fingerbreite betragen. Rechtshänder legen dazu ihren linken Zeigefinger hinter das letzte Wort. Das funktioniert bei Linkshändern nicht, da sie damit die Zeile verdecken würden. Sie können ein unsichtbares O in die Lücke schreiben, bevor sie mit dem nächste Wort beginnen.

Linkshänder bilden die Buchstabenformen anders

Die horizontalen Striche in den Buchstben »A«, »F«, »G«, »H«, »I«, »J« and »T« laufen in Gegenrichtung.

Auch hier ziehen Linkshänder die horizontalen Striche in »f« and »t« in anderer Richtung.

Häufige Probleme beim Schreiben

Viele Kinder haben auf die eine oder andere Weise Schwierigkeiten, leserlich und flüssig zu schreiben. Linkshänder müssen sich dazu noch mit der für sie unnatürlichen Schreibrichtung von links nach rechts abplagen.

Die »Haken«-Haltung

Hand und Unterarm bilden einen Haken, die Hand liegt über der Zeile, und hält den Stift im gleichen Winkel wie ein Rechtshänder. Dadurch werden Arm und Körper in eine unangenehme Lage verdreht, so dass das Schreiben unbequem und langsam wird. Die Schreibhaltung zu korrigieren (siehe S. 91) kann etwas dauern, lohnt sich aber. Stellen Sie sicher, dass die Höhe von Tisch und Stuhl für das Kind richtig ist. Ein zu niedriger Tisch führt zum Vorbeugen der Schultern, der Rücken wird gekrümmt, das Kind nimmt eventuell die Haken-Haltung an. Eine schräge Schreibunterlage hilft dies zu verhindern.

Zu viel Druck und Verschmieren durch verkrampften Griff.

Verschmierte Zeilen

Wenn die Hand dem Stift folgt, wird das gerade Geschriebene verschmiert. Um das zu vermeiden, nehmen Linkshänder oft die Haken-Haltung ein, bei der die Hand *über* dem Geschriebenen liegt. Bei der richtigen Schreibhaltung liegt die Hand *unter* dem Geschriebenen (siehe S. 56–57).

Zu fester Griff

Er führt zur Verkrampfung der Hand, schlechten Buchstabenformen, einer ungleichmäßigen Schrift und ist auch sehr ermüdend. Er wird durch eine Reihe von Faktoren verursacht:

- **Ein schlechter Platz** Ein Linkshänder, der links von einem Rechtshänder sitzt, wird mit dessen Ellenbogen zusammenstoßen und beide haben weniger Platz. Auf S. 86 finden Sie Vorschläge, wie man das vermeiden kann.
- **Anspannung beim Schreiben** Hier hilft Lob und Zuspruch sowie das Einüben einer besseren Haltung.
- **Das falsche Schreibgerät** Ein Stift mit rutschigem glatten Schaft lässt sich schwer halten. Der Stift sollte bequem und ohne Druck gehalten werden können, besonders, wenn die Hände schwitzen oder müde sind. Auch ein aufsteckbarer Griff kann nützlich sein (siehe S. 58).

Schreiben in Spiegelschrift

Spiegelverkehrte Buchstaben und Ziffern sind bei kleinen Kindern, besonders bei Linkshändern, häufig. Wenn sie schreiben lernen, ist ihre natürliche Bewegungsrichtung von rechts nach links. Sie ziehen den Stift zum Körper und sehen, was sie geschrieben haben, ohne dass die Hand es verdeckt. Spiegelschriftschreiber produzieren oft

Schwierigkeiten mit der Arm- und Handhaltung

Der Winkel, den der Schreibarm Ihres Kindes bildet, kann ganz verschieden sein. Viele Haltungen, die Linkshänder sich angewöhnen, sind verkrampft und unbequem, besonders die so genannte Haken-Haltung ist sehr ungünstig. Obwohl viele Kinder mit diesen Schreibhaltungen gut zurechtzukommen scheinen, können sie doch zu Nacken- und Schulterschmerzen führen.

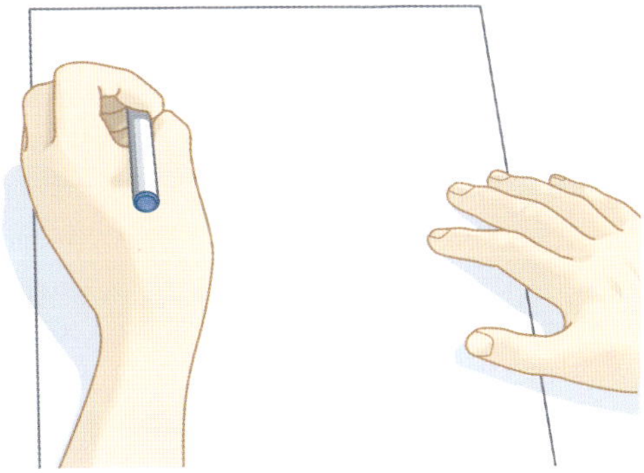

Mit gerader Handhaltung ist es für Linkshänder schwer zu sehen, was sie schreiben, wenn sie sich nicht nach vorne beugen.

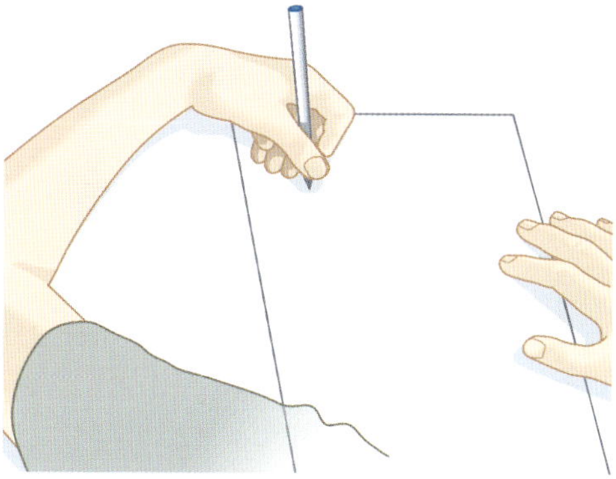

Die »Haken«-Haltung erlaubt gute Sicht, ist aber ermüdend, unbequem und führt zu Haltungsschäden.

Die geneigte Position des Handgelenks erlaubt dem Linkshänder eine bessere Sicht, kann aber unbequem sein.

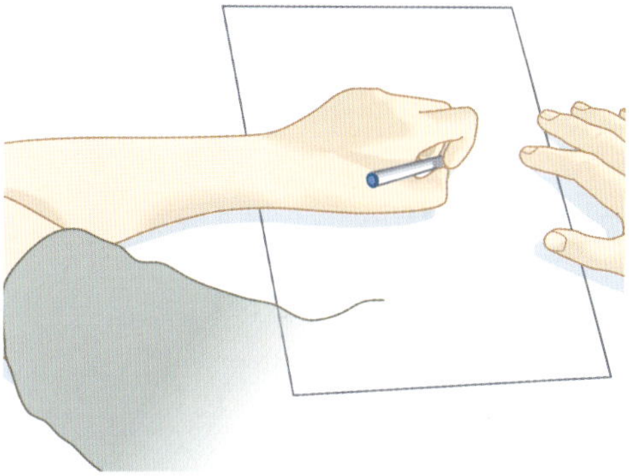

Die Haltung mit waagerechtem Arm lässt sich schwer beibehalten und die Sicht ist beeinträchtigt.

einen im Spiegel gut lesbaren Text (Leonardo da Vinci und Lewis Carroll waren perfekte Spiegelbildschreiber).

Man sollte Kinder, die spiegelbildlich schreiben, nicht bestrafen, sondern sanft korrigieren. Normalerweise hört dies auf, wenn sie sich an die Schreib- und Leserichtung gewöhnt haben. Ein farbiger Klebepunkt oder ein Sternchen oben links auf dem leeren Blatt erinnert das Kind daran, wo es beginnen soll.

Wenn das spiegelbildliche Schreiben nach dem 6. Lebensjahr andauert, kann es ein Zeichen für eine tiefergehende Lernstörung sein und Sie sollten mit dem Lehrer Ihres Kindes sprechen.

Alles nur für Rechtshänder?

Obwohl auch Geldmangel und tief verwurzelte Gewohnheiten eine Rolle dabei spielen mögen, dass Klassen- sowie Versuchs- und Werkstatträume in Schulen einseitig für Rechtshänder eingerichtet sind, fehlt es doch meist einfach am Problembewusstsein. Die folgenden Anmerkungen zeigen einige Schwierigkeiten auf und machen Lösungsvorschläge.

Kochen

Natürlich sind gewöhnliche Küchenwerkzeuge für Rechtshänder gestaltet. Mit manchen davon können Linkshänder nicht bequem, effektiv und manchmal auch nicht sicher arbeiten (siehe Kasten). Es gibt aber von allen gebräuchlichen Küchengeräten gut funktionierende Versionen für Linkshänder (siehe S. 122–123).

Ein weiteres häufiges Problem ist, dass Wasserkessel und Warmhalteplatten oft so platziert sind, dass es für Linkshänder unbequem ist, zu gießen oder zu rühren. Schalter und Kontrollelemente an Kochern und der Mikrowelle sind oft rechts angebracht. Linkshänder, die den Pfannengriff oder die Schüssel gewöhnlich mit links halten und rechts rühren, sind gezwungen, quer hinüber zu reichen, um die Schalter zu betätigen. Von vielen Herstellern gibt es aber auch Warmhalteplatten, bei denen die Bedienelemente vorne liegen, was für Linkshänder viel sicherer ist.

Küchengeräte, die für Linkshänder schlecht zu bedienen sind

* Gemüseschäler
* Dosenöffner
* Küchenscheren
* schräg angeschnittene Spatel
* Korkenzieher
* Messer mit Wellenschliff
* Kasserollen mit einer Ausgießnase links. Das ist für Linkshänder die falsche Seite.
* Messbecher und Elektrokocher mit Messskala nur auf einer Seite, die gewöhnlich nicht sichtbar ist, wenn man mit der linken Hand arbeitet.

Physik und Chemie

Weil Linkshänder mit links eingießen und rühren, sollten alle Chemikalien auf der linken Seite des Arbeitsplatzes aufgebaut sein. Chemisches Zubehör ist prinzipiell für Rechtshänder ausgelegt.

- Ausgießnasen an Schmelztiegeln sind oft so angebracht, dass man damit nur mit der rechten Hand gießen kann.
- Skalpelle, deren Klingen vom Benutzer aus gesehen nur links angeschliffen ist, tendieren dazu, einen einwärts gekurvten Schnitt zu erzeugen, wenn sie von einem Linkshänder geführt werden. Ideal ist, wenn die Klinge von beiden Seiten angeschliffen ist.
- Die Messskala auf Becher- und Messgläsern kann, wenn sie nur an einer Seite aufgedruckt ist, von Linkshändern, die das Gefäß mit links halten, nicht abgelesen werden. Messskalen sollten deshalb an beiden Seiten eines Gefäßes angebracht sein.
- Bei Standardmikroskopen sind die Justierschrauben für Schärfe und Licht rechts, ebenso Schalter an Zentrifugen und anderen Analysegeräten. Linkshänder sind zu Drehungen gezwungen, um die Maschine zu bedienen.

Material sollte links vom Arbeitsplatz stehen.

Linkshänderscheren sollten vorhanden und eindeutig gekennzeichnet sein (siehe S. 60).

An Zweier-Plätzen sollte ein Linkshänder immer links von einem Rechtshänder arbeiten, damit beide nicht mit den Ellenbogen zusammenstoßen oder sich gegenseitig einengen.

Kunst

Linkshändern sagt man größere Kreativität nach. Vielleicht ziehen Sie einen angehenden Leonardo da Vinci oder Michelangelo auf!

Stellen wir uns Bilder vor, geschieht dies in der rechten Gehirnhälfte (siehe S. 18–19). Diese Hälfte ist bei Linkshändern die stärker ausgebildete. Deshalb können sie besser in Bildern denken. Tatsächlich ermuntern manche Lehrer rechtshändige Kunststudenten dazu, mit der linken Hand zu zeichnen, was die rechte Gehirnhälfte stimuliert und zu interessanten Ergebnissen führt.

Die Kalifornische Kunstausbilderin Betty Edwards hat diese Technik in ihrem Buch *Drawing on the Right Side of the Brain* beschrieben. Sie bemerkte, dass ihre Schüler bessere Bilder hervorbrachten, wenn sie eine Vorlage kopierten, die auf dem Kopf stand, oder wenn sie mehr auf den Raum schauten, der die Zeichnung umgab, als auf das Bild selbst. Nach Studien über die Funktionen der beiden Gehirnhälften entwickelte sie die Theorie, dass die Fähigkeit zu zeichnen mit der Fähigkeit verbunden ist, von der verbalen linken Gehirnhälfte (die sie »linken Modus« nannte) zur intuitiven und kreativen rechten Gehirnhälfte (»rechter Modus«) zu wechseln.

Ihre Lehrmethode ermutigt die Schüler, zuzulassen, dass ihre rechte Gehirnhälfte Fähigkeiten entwickelt, die nur den »rechten Modus« benutzen. Damit hat Betty Edwards dramatische Fortschritte im Zeichnen erzielen können und sogar weniger begabte Schüler kamen zu eindrucksvollen künstlerischen Ergebnissen.

Für linkshändige Künstler, die dazu neigen, das gerade Gezeichnete zu verschmieren, sind Stifte mit versetzten Spitzen eine mögliche Lösung (siehe S. 59). Der Griff hält Abstand von der zeichnenden Spitze, ein Verschmieren ist ausgeschaltet.

Ein Linkshänder, der einen Pinsel wie einen Stift beim Schreiben in der Hakenhaltung hält, sollte sich an eine Staffelei stellen und großzügige Pinselstriche üben. Das lockert Hand und Arm und führt zu einer besseren Haltung.

Die Klinge eines Bastelmessers ist extrem scharf, deshalb sind ein sicherer und guter Griff ganz wichtig. Messer mit zweiseitg geschliffenen Klingen können leicht für Linkshänder eingerichtet werden und die Lage der Klinge für Rechtshänder wieder verändert werden (siehe S. 64).

Linkshänder brauchen Linkshänderscheren für viele künstlerische und handwerkliche Tätigkeiten. Manches Kunstwerk kann ruiniert werden, wenn es nicht sauber ausgeschniten wird. (Über Scheren siehe S. 60).

Zahlreiches Zubehör für Kunst und Kunsthandwerk ist auch in Ausführungen für Linkshänder erhältlich.

Informationstechnologie

Linkshänder, die sich nicht an eine Rechtshändermaus gewöhnen können, sollten versuchen, die Funktionen der Maustasten umzuschalten. Ds kann leicht bewerkstelligt werden und hilft eine ganze Menge (siehe S. 68).

Maschinen und Werkzeuge

Sicherheit ist besonders wichtig, wenn man mit größeren und kraftvollen Werkzeugen arbeitet wie zum Beispiel bei der Holz- und Metallbearbeitung. Manchmal genügt es schon, sich bewusst zu machen, dass es Linkshänder gibt. Man kommt zu ganz einfachen Lösungen, die Bequemlichkeit und Sicherheit von Linkshändern erhöhen, ohne die Arbeitsbedingungen der Rechtshänder zu beeinträchtigen

Einrichtung der Werkstatt

Von grundlegender Bedeutung ist die Einrichtung der Werkstatt. Die meisten Maschinen und größeren Ausrüstungsteile stehen meist an den Außenwänden, so dass die Mitte möglichst frei bleibt. Unglücklicherweise sind sie oft so aufgestellt, dass die Maschinen nur an der rechten Seite zugänglich sind. Das schränkt die Bewegungsfreiheit eines Linkshänders ein, denn es blockiert seinen linken Arm. Die Maschine etwas von der Wand oder aus der Ecke zu nehmen oder sie so aufzustellen, dass die linke Seite nicht blockiert ist, erhöht die Sicherheit für Linkshänder, ohne Rechtshänder zu beeinträchtigen.

Die Orientierung am Uhrzeigersinn

Ein Merkmal von Linkshändern, das hier besonders bedeutsam ist, betrifft das Schrauben oder Drehen von beweglichen Teilen, Rädern, Hähnen oder Knöpfen. Linkshänder haben größere Kraft und mehr Kontrolle und es ist ihnen bequemer, *gegen* den Uhrzeigersinn zu drehen, während Rechtshänder dies gewöhnlich *mit* dem Uhrzeigersinn tun. Das hat Folgen für die Bedienung von Maschinen, da Geschwindigkeit und Kraft traditionell zunehmen, wenn das Bedienelement im Uhrzeigersinn gedreht wird. Auch Schrauben werden im Uhrzeigersinn eingeschraubt. Linkshänder neigen deshalb manchmal dazu, Geräte aus- statt einzuschalten und – was gefährlicher sein kann – auch umgekehrt.

Linkshänder stellen sich alles, was sie brauchen, mit links zurecht. Sie brauchen also den Platz, dies auch mit *allen* Werkzeugen und Materialien bequem tun zu können. Das macht ihre Arbeit effektiver und dient ihrer *Sicherheit.*

Sicherheitseinrichtungen

Sicherheitsschalter sind so angebracht, dass sie im Notfall leicht zu erreichen sind. Das heißt unvermeidlich, dass der beste Platz für einen Rechtshänder der schlechteste für einen Linkshänder ist. Im Notfall ist keine Zeit zum Nachdenken, man handelt instinktiv. Die natürliche Reaktion ist, mit der dominanten Hand zu handeln. Linkshänder müssen in der Lage sein, alle Sicherheitseinrichtungen schnell und richtig zu aktivieren, wenn sie eine Maschine allein bedienen. Ist das nicht möglich, sollten die Geräte mit einem zusätzlichen Sicherheitsschalter für Linkshänder ausgerüstet werden.

Griffe

Um Griffe an Maschinen wie einer Spindelpresse anzuziehen und zu lockern, müssen Linkshänder mit dem Arm quer über den Körper reichen, wobei ihr Gesichtsfeld eingeschränkt wird und sie eine unbequeme Haltung einnehmen. Durch Anbringen eines zusätzlichen Griffs an der linken Seite kann eine solche Maschine leicht linkshändergerecht umgerüstet werden.

Sägen

Elektrische Sägen können Für Linkshänder tückisch sein. An einer Bandsäge z. B. gibt es rechts genügend freien Raum für die rechte Hand. Die linke Seite ist blockiert, Linkshänder müssen herübergreifen, um das Werkstück zu halten und haben die Hand dabei direkt vor dem Sägeblatt.

Tragbare Elektrowerkzeuge

Einige Hersteller haben ihre Elektrowerkzeuge heute mit Sicherheitsschaltern am hinteren oberen Tei des Handgriffs ausgerüstet, wo er weder von Rechts- noch von Linkshändern unbeabsichtigt betätigt werden kann, wenn diese das Gerät benutzen. Ein Schalter links am Griff wäre weit genug weg, und von einem rechtshändigen Benutzer nicht zu erreichen, würde aber das Gerät automatisch einschalten, wenn ein Linkshänder es in die Hand nimmt. Es wäre gut, durch den Kauf Ihrer Produkte die Hersteller solcher Geräte zu unterstützen, die für Links- und Rechtshänder gleich gut und sicher zu bedienen sind.

Unglücklicherweise gibt es Geräte, die nicht so leicht an Linkshänder angepasst werden können. Bei Elektrischen Sägen ist das Sägeblatt an einer Seite des Motors angebracht, die Rechtshänder wirksam schützt. Das rotierende Sägeblatt weist aber drekt auf die linke Körperseite eines Linkshänders.

Kreissägen und Stichsägen blasen die Sägespäne gewöhnlich links von Sägeblatt weg – dorthin, wo der Linkshänder steht, um die Säge zu halten und dem Schnitt mit dem Auge zu folgen. Beim Sägen sollten stets Schutzbrillen getragen werden und Linkshänder müssen darauf achten, dass sie bei der Arbeit soviel Abstand zur Säge haben, dass die ausgeblasenen Späne Ihnen nicht die Sicht nehmen, die Säge aber trotzdem sicher geführt werden kann.

Sicherheitsschalter sollten vom Griff entfernt liegen.

Der Lehrer ist gefragt

Lehrer sollten linkshändigen Kindern die für sie bequemste und sicherste Art zeigen, mit Elektrowerkzeugen zu arbeiten. Sie sollten Schüler nicht unbeaufsichtigt lassen und in unmittelbarer Nähe bleiben, damit sie, wenn nötig, dem Schüler den Strom abschalten können.

Nicht alle Linkshänder sind gleich und der Lehrer sollte sich mit jedem Linkshänder individuell beschäftigen und herausfinden auf welcher Seite des Sägeblattes der Schüler dem Schnitt mit dem Auge folgt. Das heißt, welches sein dominantes Auge ist. Davon ist abhängig, welche Position er zum Werkzeug einnimmt, was wieder Einfluss darauf hat, wie sicher und genau er die Bedienelemente erreichen und das Werkzeug führen kann.

Schüler mit stark ausgeprägter Linkshändigkeit sollte man niemals veranlassen, Geräte mit der rechten Hand zu bedienen oder eine Position einzunehmen, bei der nur das schwächere Auge dem Werkzeug zu folgen imstande ist. Das birgt ein hohes Gefahrenpotential! Nur der Schüler selbst kann entscheiden, ob er mit der rechten Hand oder dem rechten Auge ausreichende Kontrolle über das Gerät und die Arbeit hat.

5

Sport

Überlegene Linkshänder

Man hat oft gesagt, dass die Überlegenheit von Linkshändern sich besonders im Sport zeigt. Tatsächlich hatten eine Reihe von legendären Sportlern eine bevorzugte linke Hand (oder ein linkes Bein oder Auge). Was steckt also hinter dieser Theorie?

Zunehmende Überlegenheit

Der »Linksvorteil« scheint sich besonders bei Sportarten bemerkbar zu machen, die schnelle Reaktionen und gutes räumliches Orientierungsvermögen verlangen. Seit Jahren gibt es in Sportarten wie Fechten, Tennis und Tischtennis unter Linkshändern mehr Weltklasse-Spieler mit Meistertiteln als zu erwarten wäre. Linkshänder haben auch beim Boxen, Squash, Baseball und Cricket überdurchschnittlichen Erfolg. Etwa ein Drittel der Welt-Fechterelite sind Linkshänder. Der Italienische Fechter Edoardo Mangiarotti gewann seine erst olympische Goldmedaille 1936 und seine letzte 1960. Mit 39 olympischen Medaillen und Weltmeisterschaften war er der erfolgreichste Fechter in der Geschichte. Von Natur aus Rechtshänder, zwang ihn sein Vater, mit links zu fechten, da man glaubte, das sei ein Vorteil.

Sind Linkshänder bessere Kämpfer?

Man hat häufig vermutet, dass die Überlegenheit der Linkshänder in Kampfsportarten darauf hinweist, dass eine stabile Minderheit von Linkshändern im Plan der Natur liege. Lange glaubte man auch, dass in Zeiten, als Konflikte noch handgreiflich ausgefochten wurden, ein Linkshänder gegenüber einem rechtshändigen Kämpfer einen Überraschungsvorteil gehabt habe. Der Vorteil würde allerdings nur so lange fortbestehen, wie Linkshänder in der Minderzahl bleiben. Im anderen Fall würden sich Rechtshänder bald daran gewöhnen, mit linkshändigen Gegnern zu kämpfen.

Pelé – berühmt für mit links geschossene Tore.

Der französische Neurowissenschaftler Guy Azemar untersuchte mehrere Jahre lang den Anteil der Linkshänder bei den Weltmeisterschaften. Während dieser Studie für das französische Institut für Sport und körperliche Erziehung fand Azemar heraus, dass linkshändige Sportler sich durch eine natürliche Veranlagung für Sportarten, die Widerstand erfordern, auszeichnen. Um herauszufinden, warum dies so ist, konzentrierte er sich auf die Art der Verknüpfung der beiden Gehirnhälften. Wie wir wissen, hat man in den beiden Gehirnhälften verschiedene Fähgkeiten lokalisiert (siehe S. 19) und glaubt, dass diese Fähigkeiten bei Linkshändern gleichmäßiger auf die beiden Seiten verteilt sind – Linkshändergehirne sind symmetrischer. Das bedeutet z. B.

beim Tennis, dass das Sehen des ankommenden Balls und das Schlagen des Balls in derselben Gehirnhälfte bearbeitet werden. Ein Rechtshänder muss die Information, dass der Ball kommt, an die andere Gehirnhälfte weiterleiten, die dann die Bewegung der Hand in Gang setzt. Das verlängert die Reaktionszeit um etwa 20 bis 30 Millisekunden. Das ist normalerweise ein Wert, den man vernachlässigen kann, aber im Spitzensport ist er manchmal ausschlaggebend.

Eine neuere Studie von Wissenschaftlern der Australischen Nationaluniversität ergab, dass die Verbindung zwischen den beiden Gehirnhälften bei Linkshändern schneller und effektiver funktioniert. Man schloss daraus, dass dies im Sport, bei Computerspielen und bei Aktivitäten, die verlangen, dass Gehirn und Körper verschiedene Aufgaben gleichzeitig ausführen – auch wenn die Hände dabei nicht tätig werden – ein Vorteil sein muss. Einige amerikanische Forscher glauben, dass bei Linkshändern die rechte Hirnhälfte tatsächlich größer ist.

Ein taktischer Vorteil

Viele Wissenschaftler meinen, dass die Überlegenheit der Linkshänder im Sport weniger eine Frage der Schnelligkeit ist und glauben eher an taktische als an neurologische Ursachen.

Linkshändige Werfer haben den Vorteil des Unerwarteten. Sie werfen aus einem anderen Winkel in die entgegengesetzte Richtung ihres rechtshändigen Gegenspielers. Da sie den Ball dorthin befördern können, wo ihn der Fänger zuallerletzt erwartet, halten linkshändige Spieler einen außergewöhnlichen Rekord im Weltklasse-Kricket. Dieser Voreil ist so bekannt, dass von Natur aus rechtshändige Kricketspieler das Werfen mit links trainieren.

Die taktische Überlegenheit von Linkshändern ist auch für Tennis und Squash belegt. Martina Navratilova, allgemein als eine der besten Tennisspielerinnen angesehen, wies einmal darauf hin, dass viele Tennisspieler gerne auf die schwächere Rückhand des Gegenspieler zielen. Ein solcher Schlag gegen einen Linkshänder trifft seine stärkere Vorhand. Linkshänder haben auch einen Aufschlag, der ungünstig auf die Rückhand des rechtshändigen Gegenspielers trifft.

Ein psychologischer Vorteil

Ein letzter Vorteil, den Linkshänder haben, ist ein praktischer: Linkshänder sind es gewohnt, gegen rechtshändige Gegner zu spielen, für Rechtshänder ist ein linkshändiger Gegner die unerwartete Ausnahme. Es bringt Rechtshändern einen psychologischen Nachteil zu wissen, dass der Gegner Linkshänder ist und Aktionen zu erwarten sind, die das gewohnte Muster durchbrechen.

Ein Linkshänder wirft aus einem anderen Winkel.

Ist die Hand schneller als das Auge?

Beim Sport ist es oft wichtig, die bilaterale Koordination (gleiche Geschicklichkeit beider Körperseiten) zu stärken, um eine umfassende Geschicklichkeit zu entwickeln. In einigen Sportarten können aber die Dominanz von linker Hand und linkem Auge oder sich kreuzende Lateralitäten von Vorteil sein.

Hätten Sie das gewusst?

Feldhockey kann man nicht mit Hockeyschlägern für Linkshänder spielen. Aber Linkshänder können großartige Schläge und Angriffe ausführen und sehr gute Hockeyspieler werden.

Die Besten nach vorn!

Den Ausschlag dafür, welche Körperseite beim Sport dominiert, gibt oft das dominante Auge und nicht die Hand, z. B. bei der Entscheidung, mit welcher Körperseite ein Ball gefangen, ein Pfeil abgeschossen oder eine andere Aktion ausgeführt wird, bei der Auge und Hand koodiniert werden müssen. Hat jemand sich kreuzende laterale Präferenzen, kann er einen Ball auch gut

Turner mit stärkeren linken Körperseiten machen Radschläge und andere Bewegungen andersherum.

Hätten Sie das gewusst?

Es gibt linkshändige Sportler, die nicht mit links schreiben. Jeder hat ein dominantes Auge oder Ohr und einen dominanten Fuß. Wer mit rechts schreibt und ein dominantes linkes Auge hat, wird oft mit der linken Hand fangen oder werfen, weil diese Hand besser mit dem dominanten Auge anvisiert werden kann.

mit der schwächeren Hand fangen, obwohl diese von der nicht dominanten Hirnhälfte gesteuert wird.

Viele Kombinationen der Dominanz von Auge, Hand und Fuß können in manchen Sportarten Vorteile bringen. Haben die Hände verschiedene Dominanzen und sind die Füße beide gleich geschickt, ist dies offensichtlich ein Vorteil beim Basketball, Fußball und Rugby. Auch beim Eis- und Feldhockey ist es ein Plus, wo die Spieler den Schläger schnell von einer Hand in die andere wechseln müssen, um den Ball von links oder von rechts zu schlagen.

Die Dominanz von Hand und Auge derselben Körperseite ist ein Pluspunkt in Rakett-Sportarten wie Tennis oder Badminton. Wenn das dominante Auge (das das Ziel anvisiert) auf der der dominierenden Hand gegenüberliegenden Seite ist, kann man den Schläger während der Hauptphase des Schwungholens nicht sehen und deshalb können Richtungskorrekturen kurz danach nicht mehr vorgenommen werden.

Gegenüberliegende oder sich kreuzende laterale Präferenzen von Hand und Auge sollen einen besseren Gleichgewichtssinn zur Folge haben und können deshalb ein Vorteil beim Turnen, Laufen und Basketballspielen sein.

Oft schreiben linkshändige Sportler mit der rechten Hand und umgekehrt. Bei gemischter Händigkeit wird oft eine Hand für Aufgaben benutzt, die feinmotorisch anspruchsvoller sind, für Aufgaben, die mehr Kraft erfordern, die andere Hand.

Die Fanghand wird vom dominanten Auge bestimmt.

Ihr Kind und der Sport

Sport bietet Betätigungsmöglichkeiten für ganz verschiedene Fähigkeiten. Ein schlechter Fänger oder Läufer zu sein, bedeutet nicht, dass man keine Begabung für eine andere Sportart hätte, an der man Spaß haben kann. Hier ein paar interessane Hinweise zu einigen gängigen Sportarten, die Ihrem Kind vielleicht gefallen.

Linkshändige Golfspieler führen den Schläger mit ihrer linken (der unteren) Hand.

Sport für Linkshänder

Wenn Ihr Kind beginnt Sport zu treiben, sollten Sie den Trainer auf jeden Fall informieren, dass es Linkshänder ist, auch wenn dies für den in Frage kommenden Sport scheinbar keine Bedeutung hat. Oft verändern sich mit der körperlichen Entwicklung, wenn sich die Dominanz einer Körperseite deutlicher ausprägt, auch die potentiellen Möglichkeiten von Hand oder Fuß und der Trainer kann diese dann eventuell zum Nutzen des Teams einsetzen.

Die Stärken stärken

Hinsichtlich der Unterschiede zwischen eindeutigen Linkshändern und solchen mit wechselnder Lateralität ist es wichtig, dass Ihr Kind sich von seinen eigenen Erfahrungen und Fähigkeiten leiten lässt. Intensives Training, um die schwächere Seite zu entwickeln, ist oft nutzlos und es kann weitaus wirkungsvoller sein, die natürlichen Talente zu vervollkommnen. Solche Entscheidungen sollten Sie immer mit dem Trainer und dem Kind gemeinsam diskutieren, damit es seine natürlichen Fähigkeiten optimal entwickeln kann.

Kinder, bei denen sich die Bevorzugung einer Hand spät herausbildet oder die gekreuzte laterale Präferenzen haben, erscheinen manchmal etwas unkoordiniert in ihren Bewegungen. Meist kann man zu dreierlei raten, bevor die körperliche Entwicklung und die Koordination von Hand und Auge allmählich zum Abschluss kommt: sich gedulden, probieren, loben.

Lassen Sie Ihr Kind verschiedene Ballspiele und Sportarten ausprobieren. Auch wenn die ersten Versuche ungeschickt ausfallen, sollte das Ziel sein, Spaß zu haben und alles zu fördern, was dem Kind Gelegenheit gibt, beide Körperseiten für verschiedene Aufgaben einzusetzen und zu trainieren. Das kann Werfen, Fangen oder das Treten des Balls ebenso sein, wie Ringewerfen nach einem Ziel oder Kegeln.

Linkshänder sind in vielen Sportarten eine Bereicherung und haben ihren rechtshändigen Gegnern gegenüber zwei wesentliche Vorteile:

- Linkshänder können Entfernungen besser abschätzen.
- Rechtshänder sind im Nachteil, wenn sie gegen Linkshänder antreten, da sie es nicht gewohnt sind. In Ballspielen wie z. B. Tennis oder Fußball schlagen oder treten Linkshänder den Ball aus einem anderen und für den Gegner oft unerwarteten Winkel.

Trainer wissen, dass man Linkshänder als »Geheimwaffe« einsetzen kann, wenn man ihnen das richtige Training gibt. Es ist erstaunlich, wie viele Rechtshänder unsicher werden, wenn sie sich einem Linkshänder gegenübersehen.

Golf

Es gibt weniger Golfspieler, die »linkshändig« spielen als es Linkshänder unter den Golfern gibt. Das hat mehrere Gründe:

- Viele Linkshänder spielen rechtshändig Golf. Es erscheint Ihnen natürlicher, mit der linken Seite und dem linken Auge zu führen und sich gegen den Uhrzeigersinn zu drehen.
- Bis vor kurzem war es schwierig, einen Golfclub für Linkshänder zu finden und sie mussten sich mit damit abfinden, in Golfclubs für Rechtshänder einzutreten.
- Die meisten Lehrer und Lehrmaterialien lehren Golf rechtshändig zu spielen. Das stärkt den Glauben, dies sei die »richtige« Art.

Wie man Golf spielt, hat mehr mit den Augen zu tun als mit den Händen. Manche Rechtshänder spielen »linkshändig« Golf, so dass sie mit der rechten Hand und dem rechten Auge führen können, und viele »linkshändige« Golfspieler sind in Wirklichkeit und in allem anderen, was sie tun, Rechtshänder. Zwei Beispiele sind Mike Weir, der 2003 die US-Meisterschaft gewann, und Phil Mickelson, der sie 2004 und 2006 gewann.

Um herauszufinden, was für einen selbst natürlicher ist, sollte man nach unten auf den Golfball sehen und sich vorstellen, in welcher Richtung er vom Körper weggeschlagen werden soll. Das ist dann die Seite des Balls, an der man ste-

Phil Mickelson ist vonNatur aus Rechtshänder, spielt aber Golf mit der linken als Schlaghand.

John McEnroe ist einer der zahlreichen außergewöhnlich erfolgreichen linkshändigen Tennisstars.

hen muss. Wenn Ihr Kind lieber mit links spielt – es gibt inzwischen gute Clubs und Trainigsbücher dafür.

Fechten

Beim Fechten sind die Reaktionszeiten extrem kurz (zwischen 300 und 400 Millisekunden). Das ist eine Herausforderug für Linkshänder. Aber der Hauptvorteil, den Linkshänder in dieser Sportart haben, ist, dass ihr Fechtarm dem ihres rechtshändigen Gegners genau gegenüber ist anstatt diagonal, wie es üblich ist, wenn zwei Rechtshänder gegeneinander kämpfen. Rechtshänder achten nicht so aufmerksam auf Angriffe auf ihre rechte Seite, dagegen sind Linkshänder nach beiden Seiten aufmerksam. Zwei Linkshänder, die gegeneinander fechten, werden eventuell unsicher sein, weil sie besser darin geübt sind, gegen Rechtshänder zu kämpfen.

Neben dem legendären Mangiarotti (siehe S. 102) sind noch Cécile Argilas und Laura Flessel-Colovic erfolgreiche Linksfechter.

Boxen

»Südpfoten«-Boxer (siehe Kasten S. 109) haben im Ring einen klaren Vorteil gegenüber rechtshändigen Gegnern. Wahrscheinlich deshalb, weil die Kampfstellung eines Linkshänders ungewöhnlich ist. Das führt zu Schlägen, die aus anderen Richtungen und Winkeln kommen als die von einem Rechtshänder. Auch hat eine »Südpfote« den rechten Fuß voran. Das kann einen rechtshändigen Gegner zum Stolpern bringen.

Berühmte »Südpfoten« sind James »Gentleman Jim« Corbett, Marvin Johnson, Marvin Hagler and Henry Cooper.

Tennis, Badminton und Squash

Wie schon auf S. 102–103 erläutert, haben Linkshänder in Rakett-Sportarten taktische Vorteile. Auch ihre kraftvollen Bälle sind gefürchtet und ihre Aufschläge können einem Rechtshänder Probleme bereiten. Im Badminton-Federball sind die Federn gewöhnlich im Uhrzeigersinn angeordnet, sodass der Ball leicht nach rechts abdreht. Deshalb ist es nicht gleich, ob ein Schlag von links oder rechts des Feldes geschlagen wird.

Seien Sie nicht überrascht, wenn Ihr Kind den Schläger von einer Hand in die andere wechselt, bevor er sich für eine entscheidet. Auch manche Weltklassespieler tun das und schlagen eine Vorhand einmal mit rechts und einmal mit links, anstatt jedesmal eine Rückhand mit rechts.

Berühmte Linksspieler sind Martina Navratilova, Jimmy Connors, John McEnroe, Greg Rusedski and Goran Ivanisevic.

Tischtennis

Rechtshänder haben es oft schwer, wenn sie gegen Linkshänder spielen, denn diese schlagen mit einem seitlichen Spin, der die Annahme des Balls erschwert. Schnelle Reaktionszeiten und gutes Abschätzen von Richtungen und Entfernungen sind ebenfalls Stärken der Linkshänder.

Linkshänder haben einen taktischen Voreil in Rackett-Sportarten. Für kräftige Schläge wechseln sie aber machmal die Hand.

Andere Sportarten

Linkshänder drehen sich beim Radschlagen in die entgegengesetzte Richtung, führen mit dem linken Fuß und setzen die linke Hand zuerst auf den Boden. Trainer müssen dies wissen, wenn sie beim Üben Hilfestellung geben sollen. Beim Ballett und beim Eislauf werden Pirouetten, Drehungen und Sprünge traditionell auf dem rechten Fuß gemacht, die Drehung erfolgt im Uhrzeigersinn. Die natürliche Bewegungstendenz bei Rechtshändern ist gegen den Uhrzeigersinn, wobei auf dem linken Fuß balanciert wird. Im Solotanz macht dies nichts aus, aber beim Formationstanz sollte man daran denken. Ihr Kind gerät beim Drehen zwischen die anderen. Konzentration und ausreichende Übung verhindern Zusammenstöße. Beim Figurenlaufen auf dem

Was ist eine »Südpfote«?

»Südpfote« (»southpaw«) ist ein gebräuchlicher Sportausdruck für einen Linkshänder. Obwohl übwiegend beim Boxen gebraucht, kommt das Wort vom Baseball. Die Spielfelder sind traditionell so angelegt, dass die Zielmarkierung in der westlichen Ecke des Spielfelds ist, so dass der Schlagmann nach Osten schaut und nicht von der Abendsonne geblendet wird. Ein Arm eines linkshändigen Werfers, der dem Schlagmann gegenübersteht, ist am weitesten südlich. Aus diesem Grund hieß der linkshändige Werfer »Südpfote«.

Diego Maradona schrieb »mit links« Fußballgeschichte.

Überlegenheit im Kricketwurf

Der Weltrekord für Schlagtreffer im Kricket lag die letzten 50 Jahre in der Hand von Linkshändern. Die westindische Legende Sir Gary Sobers hielt den Rekord seit 1958 unglaubliche 35 Jahre, bis der in Trinidad geborene Linkshänder Brian Lara die Bewunderung der Kricket-Fans in alle Welt auf sich zog, indem er diesen und einen weiteren Weltrekord 1994 einstellte. Laras Platz wurde 2003 für kurze Zeit von einem anderen Linkshänder, dem Australier Matthew Hayden, eingenommen, aber Lara errang den Titel im folgenden Jahr wieder mit phänomenalen 400 erfolgreichen Läufen.

Eis drehen sich Linkshänder generell andersherum. Das ist nicht immer ungefährlich, weil sie sich damit gegen den Strom der anderen bewegen, die vielleicht gerade zu Drehungen und Sprüngen ansetzen. Paarlaufen klappt am besten mit einem linkshändigen Partner.

Hockey

Beim Feldhockey gibt es keine Hockeyschläger für Linkshänder. Die Schläger haben flache Enden und nur eine abgerundete Kante. Trotzdem gibt es keinen Grund, damit nicht linkshändig zu *spielen,* was oft mit bemerkenswerten Ergebnissen geschieht. Die Spieler dürfen den Ball mit jedem Teil des Schlägers schlagen – außer der abgerundeten Kante. Die flache Seite ist für Rechtshänder die natürliche Schlagseite. Ein Linkshänder kann ganz konventionell spielen, den Schläger umgedreht halten und damit kraftvollere Schläge machen. Seine Haltung des Schlägers erlaubt ihm, sich schnell in jede Richtung zu drehen. Das sieht ziemlich ungewöhnlich aus und ein Rechtshänder kann nur schwer dagegen anspielen. Details und Bilder zum Linkshänder-Hockey finden Sie auf der Website der lefthandedchildren (siehe S. 122).

Beim Eishockey gibt es keine Einschränkungen. Der Schläger ist auf beiden Seiten flach. Tatsächlich gibt es viele linkshändige Eishockeyschützen, auch viele Torhüter parieren den Puck mit links und zwingen die Torschützen so dazu, ebenfalls mit links zu schießen.

Polo

Beim Polo muss der Schläger mit rechts geführt werden. Linkshändiges Spielen ist seit 1975 regelwidrig und zwar aus Sicherheitsgründen, da das Spielen von der anderen Seite des Pferdes Pferde und Reiter in Gefahr bringt. Prinz William, ein eifriger Polospieler und Linkshänder muss diesen Sport mit rechts spielen.

Bogenschießen

Ein linkshändiger Bogenschüze hält den Bogen mit der rechten Hand und spannt ihn mit der linken, damit das dominante linke Auge über den Pfeil visieren kann. Ein Schütze mit dominantem rechten Auge wird wahrscheinlich lieber mit rechts spannen und schießen. Ein Linkshänderbogen hat das Visierfenster vom Schützen aus gesehen rechts.

Kricket, Baseball and Schlagball

Bei diesen Sportarten gibt es immer etwas Aufregung, wenn ein Linkshänder zum Schlag kommt. Dann müssen die Feldspieler versuchen, Teile des Feldes abzudecken, die ein rechtshändiger Schlagmann niemals erreichen würde.

Linkshändige Baseballspieler sind sehr gesucht – Der legendäre Babe Ruth war Linkshänder. Die natürliche Schwungbewegung bei einem Wurf gibt dem linkshändigen Schlagmann den Impuls, entlang der Linie zur ersten Markierung zu laufen. Linkshändige Schlagmänner haben oft eine bessere Sicht auf die Würfe eines rechtshändigen Werfers. Ein linkshändiger Schlagmann läuft eine kürzere Strecke zur ersten Markierung als ein Rechtshänder, weil sein Stand auf dem Schlagmannplatz auf der rechten Seite der Zielmarkierung liegt. Linkshändige Werfer und Ballmänner sind nützlich, weil sie aus einem anderen Winkel werfen und weil sie den Ball in die entgegengesetzte Richtung rotieren lassen wie Rechtshänder. Inzwischen gibt es auch immer mehr Baseballhandschuhe für Linkshänder.

Im Fußball kommen Linksfüßer meist etwas schneller in Ballbesitz.

Fußball

Der kleine Vorteil in Bezug auf Sicht und Bewegung im Gehirn von Linksfüßern hat zur Folge, dass sie schneller in Ballbesitz kommen, wenn sie mit einem Rechtsfüßer um die Wette laufen. Linksfüßer haben für die Arbeit am Ball oft die gleiche Geschicklichkeit im rechten Fuß wie im linken, sind deshalb taktisch sehr wertvolle Teammitglieder, besonders hinten links und auf dem linken Flügel. Die besten linksfüßigen Spieler zeichnen sich durch ein inspiriertes und kreatives Spiel aus, dem ihre rechtshändigen Gegenspieler nichts Gleichwertiges entgegensetzen können.

Bekannte linksfüßige Fußballer sind z. B. Pelé, Michel Platini, Ruud Gullit, Marco van Basten und Diego Maradona.

Rugby

Beim Rugby ist es üblich, die schwächeren defensiven Spieler links aufzustellen. Das ist die rechte Seite des Gegners und auf dieser Seite kommen weniger Bälle an. Der Linkshänder Jonny Wilkinson gewann 2003 für seine Mannschaft mit einem Sprungtritt gegen Australien Englands erste und einzige Rugby-Weltmeisterschaft in dieser Sportart.

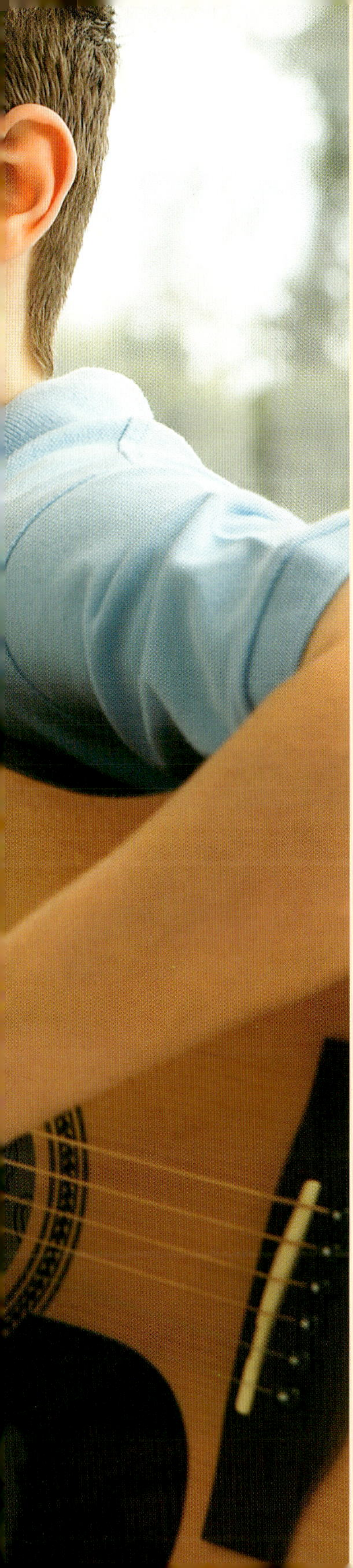

6

Musik

Individuelles Talent fördern

Musizieren ist ein wunderbares Mittel, sich kreativ auszudrücken. Deshalb sollten Sie jedes Interesse für Musik, das Ihr Kind erkennen lässt, ermutigen und fördern. Es kann sein, dass Sie feststellen, dass Ihr Linkshänder eine besondere Begabung für Musik hat.

Komponieren

Da viele Fähigkeiten, die mit Musik zu tun haben wie Harmonieempfinden, Tonbewusstsein, Tongedächtnis, Kreativität und Vorstellungsvermögen, in der rechten Gehirnhälfte lokalisiert werden, ist es kein Wunder, dass man von Linkshändern oft glaubt, dass sie sehr musikalisch seien.

Zunehmend benutzen Forscher musikalische Fähigkeiten als Indikator, um die Beziehungen zwischen den beiden Gehirnhälften zu untersuchen. Komplexe Rhythmen wurden in der rechten Hirnhälfte lokalisiert und eine Theorie geht davon aus, dass es bei Menschen mit Wechselhändigkeit effektive Interaktionen zwischen den Musikzentren des Gehirns gibt und sie deshalb gut ein Instrument spielen können, das verlangt, dass beide Hände zusammenarbeiten, um eine Melodie zu erzeugen wie Saiten- oder Holzblasinstrumente. Dagegen konzentrieren eindeutige Rechts- oder Linkshänder die Fähigkeiten ihrer beiden Gehirnhälften auf verschiedene Aufgaben, die beiden Händen erlauben unabhängig voneinander zu arbeiten, wie beim Trommeln oder Klavierspielen. Für Eltern beweisen solche Theorien nur, dass es unter linkshändigen Kindern unendlich viele Begabungen, Fähigkeiten und Neigungen gibt.

Wegen der verschiedenen Grade der Handdominanz ist es wichtig, sich auf die Bedürfnisse des einzelnen Kindes zu konzentrieren und keine allgemeinen Aussagen über Linkshänder zu machen. Nirgends ist dies so wahr wie in der Musik. Trotzdem kann für viele Linkshänder das Spielen eines Instruments eine größere Herausforderung sein als für ihre rechtshändigen Altersgenossen. Der Musiklehrer erkennt dies vielleicht nicht oder ist nicht dafür ausgebildet es zu erleichtern. In diesem Kapitel betrachten wir einige bekannte Musikinstrumente und erklären, was man alles beachten sollte, wenn man eines dieser Instrumente lernt.

Violinen

Geigenlehrer weisen ihre Schüler an, mit rechts zu spielen, das heißt den Bogen mit rechts zu führen, egal ob sie Rechts- oder Linkshänder sind. Wer sich ein Konzert ansieht, weiß warum. Die Streicher sitzen nebeneinander, würde einer den Bogen in die Gegenrichtung bewegen, so könnte er damit leicht einen Kollegen im Gesicht verletzen. Auch wäre das einheitliche Bild der Streicher im Orchester verdorben.

Der Körper der Geige und anderer Streichinstrumente ist so gebaut, dass ihr Klang die Zuhörer am besten erreicht, wenn das Instrument in der linken Hand gehalten und mit der rechten gespielt wird. Auf einer Linkshändergeige müssten nicht nur die Saiten in anderer Reihenfolge

Mit links klingt es besser!

Ryan Thomson, Lehrer für Streichinstrumente und Autor eines Buches über das Violinspiel bei Linkshändern, berichtet über mehrere linkshändige Amateurmusiker, die Geige, Gitarre und Mandoline lernten und eine gewisse Fertigkeit erreicht hatten, das Instrument mit der rechten Hand zu spielen. Als sie darangingen das linkshändige Spielen zu lernen, kostete dies zunächst erneut Zeit und Mühe, aber wie erwartet fanden sie, dass sie tatsächlich mit der linken Hand besser spielten.

Zur Bogenführung ist eine präzise Technik nötig und Linkshänder sollten dafür mehr Zeit investieren als Rechtshänder.

aufgezogen werden, auch andere Teile müssten in die Gegenrichtung weisen.

Wie auch auf anderen Gebieten ist der Grad der Händigkeit Ihres Kindes auch beim Geigespielen von Bedeutung. Wichtig ist es, eine gute Bogenführung zu erlernen, das ist – genau wie das Schreiben – eine Fertigkeit, die Genauigkeit und Gefühl erfordert und natürlich mit der bevorzugten Hand leichter wäre. Trotzdem sollte man abwarten, bis das Kind eine Anzahl Stunden auf traditionelle Weise genommen hat, bevor man sich zu einem Wechsel entschließt.

Der Lehrer sollte allerdings wissen, dass das Kind ein Linkshänder ist, und sollte den Arm besonders trainieren. Nachlässigkeit kann hier zu extremer Spannung führen und die präzise Führung des Bogens unmöglich machen. Man sollte daran denken, dass eine gute Bogenführung für Rechts- wie Linkshänder schwer zu erlernen ist.

Wenn Ihr Kind sich aber nach etwa zehn Unterrichtsstunden entscheidet, lieber mit links zu spielen, können Sie an dei Anschaffung einer Linkshändergeige denken.

Das sollten Sie bedenken:

- Ist der Lehrer Ihres Kindes dafür ausgebildet Linkshänder zu unterrichten? Wenn nicht, werden Sie einen anderen Lehrer suchen müssen.
- Will Ihr Kind später vielleicht einmal in einem Orchester spielen? Linkshändergeigen sind gut für Folk- oder Rockmusik, für Solos und um möglicherweise im Schul- oder Gemeindeorchester mithalten zu können. Wenn Ihr Kind

Die Blockflöte ist ideal für Linkshänder, denn die Linke übermnimmt die Führung.

einen höheren Standard anstrebt, ist eine Linkshändergeige keine gute Wahl, denn es ist unwahrscheinlich, dass ein klassisches Orchester einen Violinsten akzeptiert, der mit links geigt. Allenfalls als Solist könnte man sich damit abheben und seiner Musik einen eigenen Charakter verleihen.

- Wird Ihr Kind, je nachdem welchen Standard es schon erreicht hat, wieder mit Anfängerübungen anfangen wollen, um mit der anderen Hand zu spielen? Es gibt Linkshänder, die erstaunlich leicht umschalten konnten, aber viele finden es schwierig. Rechnen Sie also zu Beginn auch mit Enttäuschungen.

Bleibt das Kind bei der traditionellen Spielweise, gibt es einen ermutigenden Gedanken für linkshändige Violinisten: Denken sie doch nur einmal daran, was für ein fatastisches Pizzicato es mit seiner virtuosen Linken spielen kann.

Berühmte linkshändige Streichmusiker, die ihr Instrument mit rechts spielen oder spielten, sind Anne-Sophie Mutter, Joseph Silverstein, Nicolò Paganini, Pablo Casals und Robert Schumann.

Schlagzeug

Ein Schlagzeug kann leicht anders aufgestellt werden, so dass es für einen Linkshänder passend ist. Aber viele Schlagzeuger lassen es in der klassischen Anordnung und spielen mit sich kreuzenden Händen. Manche Lehrer lehren das sogenannte offenhändige Spiel, bei dem das Becken mit der rechten Hand gespielt wird. Ein Kind mit stark dominantem linkem Fuß muss das Schlagzeug eventuell umstellen oder sich eine Ausrüstung besorgen, bei der es das Basspedal mit links betätigen kann.

Im Allgemeinen ist Schagzeugspielen etwas, bei dem beide Hände gleichermaßen beansprucht werden. Viele linkshändige Schlagzeuger spielen lieber in der Anordnung für Rechtshänder, damit sie bei Jam Sessions einfacher dazukommen und mitspielen können. Es ist nicht praktikabel, die Leute warten zu lassen, bis das Schlagzeug für einen Linkshänder umgestellt ist. Anschließend müsste man es ja gleich wieder umstellen. Sprechen Sie also mit Ihrem Kind und mit dem Lehrer, inwieweit es mit der Rechtshänder-Anordnung zurechtkommt. Es ist eine Sache der persönlichen Vorliebe.

Berühmte linkshändige Schlagzeuger sind Phil Collins, Ringo Starr and Ian Paice.

Holz- und Blechbläser

Diese Instrumente bereiten Linkshändern keine größeren Probleme. Beide Hände haben gleichwertige Funktionen, wobei die Linke traditionell am oberen Ende des Blasinstruments liegt. Obwohl die Querflöte nach der rechten Körperseite zeigt, ist dies für die meisten Flötisten, die mit Blockflöte oder einem ähnlichen Instrument begonnen haben, Teil einer natürlichen Entwicklung und die linke Hand ist immer noch am oberen Ende.

Das Waldhorn hat von vornherein ein Linkshänder-Design: Die Linke betätigt die Ventile.

Klavier and Keyboard

Das zweihändige Spielen, das von Pianisten gefordert wird, hilft Musikern, ihre bilateralen Fähigkeiten zu entwickeln. Jeder Klavierlehrer versucht bei einem Anfänger zunächst die weniger geschickte Hand zu trainieren. Es ist auffällig, dass linkshändige Klavierschüler tiefe Bässe lebhafter spielen als hohe Noten, die mit der rechten Hand gespielt werden müssen und die gewöhnlich die Melodie des Stückes tragen.

Durch das Üben der rechten Hand soll diese die rhythmische Beweglichkeit und das Feingefühl der linken erreichen. Es hat den zusätzlichen Nutzen, dass es die bilateralen Fähigkeiten stärkt. Doch der Weg dorthin kann lang und mühevoll sein und das Kind braucht viel Lob, nicht nur für seine Leistungen, auch für sein Durchhalten.

Das Linkshänderklavier

Christopher Seed ist ein Konzertpianist, der auf dem ersten Linkshänderfügel der Welt spielt. Das Instrument ist ein bis in alle Einzelheiten getreues Spiegelbild eines normalen Flügels, auch Tasten und Pedale sind andersherum angeordnet.

Seed war schon ein erfolgreicher und bekannter Pianist, als er dieses Projekt begann. Er entwickelte dieses faszinierende Instrument, weil er, seit er als Kind das erste Mal Klavier spielte, die Vision hatte, die tiefen Bässe müssten rechts anfangen und die hohen Noten links liegen. Das ist genau umgekehrt wie sie auf der gängigen Tastatur liegen. Seed glaubte, dass seine linke Hand und die ganze linke Seite seines Körpers ausdrucksvoller und beweglicher sind als die rechte.

Als typischer Linkshänder stellte Seed die Konventionen in Frage – nicht die, wie man Musik schreiben, sondern die, wie man sie auf der Tastatur spielen soll. Ist es ein Naturgesetz, dass die hohen Töne (traditionell die Melodie) von der rechten Hand und die Bässe (meist der begleitende Rhythmus) von der linken gespielt werden?

Phil Collins, ein linkshändiger Schlagzeuger und Sänger.

Warum müssen tiefere Noten links anfangen und nach rechts aufsteigen? Bei Klaviermusik spielt die rechte Hand meist die Melodiestimme, die linke die Harmonien, doch für einen Linkshänder macht es umgekehrt mehr Sinn.

Während Seeds Klavierstunden war sein Lehrer oft frustriert, dass sein ziemlich vollendetes Spiel mit der linken Hand von der rechten Hand nicht erreicht wurde, von der so viel abhängt, sodass er ihn eines Tages fragte, ob er das Klavierspielen nicht aufgeben wolle.

Mit der für Linkshänder typischen Hartnäckigkeit übte Seed so lange, bis seine rechte Hand ebenso geschickt wie die linke war, setzte sein Studium am Royal College of Music in London fort und machte als Konzertpianist Karriere.

Nie verließ ihn jedoch das tief eingewurzelte Gefühl, dass es natürlicher wäre, auf einer umgekehrten Tastatur zu spielen. 1997 beauftragte er dann die niederländische Firma Poletti & Tuinman mit dem Bau des ersten Linkshänderklaviers. Einer komplett gespiegelten Version eines Pianoforte aus dem 19. Jahrhundert, bei dem die hohen Noten links beginnen und nach rechts immer tiefer werden. Der Deckel öffnet sich von der entgegengesetzten Setie und die Pedale sind vertauscht. Seed sitzt so, dass er die linke Seite der Bühne sieht und seine linke Hand und der Deckel sind dem Publikum zugewandt. Nicht nur, dass er auf diese Weise melodische und komplizerte Stücke ausdrucksvoller spielt, weil seine Hand ihm einen körperlichen Vorteil verschafft, sondern er spielt auch mit viel mehr Intuition.

Seed gibt selbst Klavierunterricht und hat ein MIDI-Modul entwickelt, mit dem elektronische Standard-Keyboards auf Linkshändig umgeschaltet werden können. Dadurch sollen linkshändige Spieler ermuntert werden, andersherum zu spielen. Seed meint, das sei keinesfalls irritierend, sondern eine wunderbare Übung, die das Gehirn von eingefahrenen Routinen befreit und den Spieler intuitiver und anpassungsfähiger macht.

Mit 12 Jahren hat mein Sohn, ein eifriger linkshändiger Klavierspieler, ein auf diese Weise umgeschaltetes Keybord ausprobiert und spielte schon nach wenigen Minuten selbstbewusst und fröhlich drauflos, las die Noten wie immer und übertrug sie mit Leichtigkeit auf die vertauschten Rollen der rechten und linken Hand.

Der linkshändige Gitarrist Kurt Cobain greift die Akkorde mit rechts und schlägt die Seiten mit links.

Die Gitarre

Musiker, die mit links Gitarre spielen, werden Immer häufiger. Sie greifen mit der rechten Hand die Akkorde und schlagen oder zupfen die Saiten mit links. Aber man darf nicht automatisch annehmen, dass wer mit links schreibt auch mit links in die Saiten greift. Wer rechtshändig spielt, benutzt die stärkere Hand, um die Akkorde zu greifen. Obwohl es ein großer Vorteil wäre, würden alle Rechtshänder die Bünde gern mit rechts greifen, was sie tatsächlich nicht tun. Linkshänder haben aber in der linken Hand ein besseres Rhythmusgefühl und mehr Präzision und schlagen damit lieber die Saiten. Sie werden sagen, dass sich das einfach »richtig anfühlt«.

Geben Sie Ihrem Kind eine Standard- oder Spielzeuggitarre. Sie sehen an der Art, wie es sie hält, ob es die Saiten lieber mit der rechten oder der linken Hand anschlägt.

Wenn der Gitarrenlehrer möchte, dass Ihr Kind mit der Rechten anschlägt, kann das daran liegen, dass er noch nie einen Linkshänder unter-

Zunehmend gibt es auch Gitarren die linkshändig gespielt werden.

richtet und keine Lust hat, sich mit neuem Unterrichtsmaterial oder gar einer Linkshändergitarre zu beschäftigen. Doch dank des Internet ist heute eine große Auswahl von Linkshändergitarren, sowohl akustische als auch elektronische, sowie die dazugehörige Ausrüstung erhältlich. Auch die Preise, die traditionell höher sind als für Rechtshänderinstrumente, werden allmählich vergleichbar. Wenn der Lehrer also die Zeit nicht aufbringen kann oder möchte, um sich alles zu besorgen, was er für den Unterricht in linkshändigem Spielen braucht, hilft es vielleicht, sich umzusehen und die notwendigen Dinge selbst zu besorgen.

Statt einem Anfänger gleich ein neues Instrument zu kaufen, sollte man lieber an einer Standardgitarre die folgenden Saiten austauschen:

- Die erste (E sopran) und die sechste (E bass)
- Die zweite (C) und die fünfte (A)
- Die dritte (G) und die vierte (D).

Um eine akustische Gitarre umzurüsten, muss der Sattel neu platziert werden, der Schlitz im Seitenhalter gefüllt und neu geschnitten werden, um den Winkel und die Intonation zu korrigieren.

Jimi Hendrix

Es gibt viele Geschichten über linkshändige Musiker, die sich das Gitarrespielen selbst beigebracht haben – und zwar auf einer Standardgitarre ohne die Seiten auszutauschen. Jimi Hendrix ist ein bekanntes Beispiel. Er drehte die Gitarre um und schlug die Unterseite der Saiten an. Das klingt beeindruckend, ist aber schwieriger, als man denkt. Ihr Kind wird vermutlich die bequemere, konventionelle linkshändige Methode fürs Gitarrespielen wählen.

Ist der Lehrer Rechtshänder, sollte er sich dem Kind mit seiner Gitrarre gegenübersetzen. Es sieht alles, was er tut, spiegelbildlich und kann es leicht nachmachen.

Berühmte linkshändige Gitarristen sind Kurt Cobain, Jimi Hendrix, Paul McCartney and Bob Geldof.

Zum Schluss

Die Wahrnehmung von Linkshändern in der Gesellschaft sowie die Haltung ihnen gegenüber hat sich in den letzten zehn Jahren wesentlich verbessert und die Sensibilität für ihre Probleme wächst noch weiter an. Ein wesentliches Verdienst daran haben die Eltern von linkshändigen Kindern. Linkshänder selbst weigern sich zunehmend, sich an ungeeignete Bedingungen anzupassen und Interessenverbände erfahren immer mehr Unterstützung.

Immer mehr Lehrer, Eltern, Produktgestalter und -planer nehmen die Bedürfnisse von Linkshändern ernst und man erkennt eine langsame, aber stetige Bewegung weg von ausschließlich für Rechtshänder geeigneten Produkten und Geräten. Hersteller fangen an, Linkshänderversionen von Alltagsgegenständen in ihr Programm aufzunehmen. Linkshänder wiederum entdecken den Nutzen, den diese Werkzeuge und Geräte für sie haben und greifen soweit möglich darauf zurück. Umso mehr Linkshänder heute die nicht für sie passende Gestaltung von Produkten ablehnen und nach speziellen Linkshänderversionen fragen, umso weniger Kompromisse werden sie selbst und andere Linkshänder künftig im Alltag schließen müssen.

Für Linkshänder geeignetes Spielzeug ist wichtig.

Ihr linkshändiges Kind

Linkshändige Kinder sind oft sehr kreativ und mit Unterstürzung und Ermutigung von Eltern und Lehrern können sie manche Hindernisse überwinden, die ihnen in einer Welt für Rechtshänder begegnen. Räumen Sie dem Kind für seine ersten Lernerfahrungen unnötige Hürden aus dem Weg. Geben Sie ihm genug Selbstbewusstsein, sich sportliche, musikalische und künstlerische Betätigungen zu wählen, bei denen Linkshänder so häufig brillieren. Das Kind wird dadurch anpassungsfähiger, sein Selbstwertgefühl steigt wie auch seine Leistungen in der Schule und später.

Aus Erfahrung lernen

Im Laufe der Jahre habe ich von vielen Eltern gehört, dass ihre Kinder in der Schule eine Reihe von Techniken wie das Ausschneiden, das Schreiben mit der Hand sowie handwerkliche Tätigkeiten nach Möglichkeit gemieden haben, weil sie das Gefühl hatten, sie seien »darin nicht gut«. Überwiegend waren falsche Geräte und Werkzeuge sowie unzureichende Anleitung der Grund für diese Schwierigkeiten. Ist Ihr Kind bei neuen Aufgaben unbeholfen, sollten Sie ihm helfen und gemeinsam mit ihm herausfinden, ob

Machen sie mit Ihrem Kind praktische Alltagsaufgaben, damit Sie herausfinden, wie es an sie herangeht.

es eine bequemere und bessere Methode für diese Aufgabe gibt. Versuchen Sie selbst, das, was zu tun ist mit links zu machen. Dann lernen Sie das Problem Ihres Kindes, besser kennen und können auch besser eine praktische Lösung für das Kind finden.

Helfen Sie den Lehrern

Achten Sie darauf, ob die Lehrer Ihr Kind ausreichend unterstützen und ermutigen. Wenn Lehrer im Einzelfall unsicher sind, wie sie helfen können, werden die Tipps und Vorschläge dieses Buches mit Sicherheit nützlich sein. Ab S. 122 erfahren Sie wo Sie Rat und Hilfe zu vielen speziellen Themen finden.

Die Left-Handers' Association

Die Left-Handers' Association wurde 1990 als Interessenvertretung gegründet, um das Bewusstsein für die besonderen Bedürfnisse der Linkshänder in allen Lebensbereichen wachzurufen. Über seine Online bietet der Left-Handers' Club weltweit Gelegenheit zum Austausch von Erfahrungen und Meinungen, macht Forschungsergebnisse zugänglich und erlaubt es von den Erfahrungen eines ausgewählten Teams von Linkshändern zu profitieren, die zu verschiedenen Themen Ratschläge geben können.

Seit seiner Gründung ist die Anzahl der Mitglieder, die über die ganze Welt verstreut sind, ständig gewachsen, so dass der Klub heute weltweit die größte Interessenvertretung der Linkshänder ist. Dem Left-Handers' Club kann jeder beitreten www.anythingleft-handed.co.uk

In den meisten Ländern gibt es inzwischen Interessenverbände für Linkshänder. Hinweise dazu finden Sie ab S. 122.

Wichtige Adressen

Linkshänder-Websites

www.anythingleft-handed.co.uk
(Website der Autorin bzw. ihres Verbandes/Englisch)

www.linkshaenderseite.de
(Die Seite für Linkshänder, Eltern, Lehrer, Erzieher von linkshändigen Kindern und alle, die mehr zum Thema Linkshänder wissen möchten),

www.philognosie.net/index.php/
(Tipps für Linkshänder)

www.kindernetz.de/infonetz/gewusst/linkshaendig/
(SWR-Kindernetz - Andersrum ist nicht verkehrt)

www.linkshaenderinitiative.at
(Interessenvertretung in Österreich)

http:/de.wikipedia.org/wiki/linkshaender/
(interessanter umfassender Lexikonartikel mit Literaturtipps und Weblinks)

http://www.lefthander-consulting.org,
Erste deutsche Beratungs- und Informationsstelle für Linkshänder und umgeschulte Linkshänder, Sendlinger Str. 17, 80331 München, Tel. / Fax: +49 / 89 / 26 86 14,
e-mail: info@lefthander-consulting.org & Die deutsche Linkshaenderseite

Ausgewählte Shops für Linkshänder:

www.linkshaender.de
(Fachhandel für Linkshänder, mit Hotline, Linkshänder-Ausstattung für alle Lebensbereiche, Service, Kommunikation...)

www.lafueliki.de
(mit Schreibberatung. Linkshänder-Infos etc.)

www.linkshandversand.de

www.derlinkshaendler.de

Läden und Versand:

DEUTSCHLAND
Baden-Württemberg
Firma Hainlin & Co., http://hainlin.de,
E-Mail: info@hainlin.de,
Königstr. 1, 70173 Stuttgart
SeLin, Seniorenshop & Linkshändershop,
http://www.selin.de, E-Mail: info@selin.de,
Andrea Freund, Schillerplatz 8,
71638 Ludwigsburg
LAFLI - Laden für Linkshänder,
Schulstr. 2, 76571 Gaggenau
ZAUBERKISTE, Sachen für Linkshänder,
Wiebke Kaas, Schulstr. 26a,
88090 Immenstaad
Carl Abt KG, Münsterplatz 7,
89073 Ulm-Donau

Bayern
sinErgo, Versand für Linkshänder,
http://www.sinergo.de,
E-Mail: info@sinErgo.com, Wasserburger Landstr. 167/a, 81827 München

Kaut-Bullinger & Co. Rosenstr. 8, 80331 München

Willi Linkshand`s Welt, Versandhandel, E-Mail: WilliLinkshand@web.com, Postfach 43 13 23, 81657 München

Computerbüro und Schulbedarf, Lothar Schuberth, Bogenberger Str. 7, 84048 Mainburg

Linkshänder-Shop, http://www.linkshaender-shop.de, E-Mail: info@linkshaender-shop.de, Hannelore Baust, Bohlenplatz 8, 91054 Erlangen

Linkshänderladen und Linkshänderversand Links 24, http://www.links24.net, E-Mail: info@links24.net, Sabine Pichler, Ringstr. 8a, 94081 Fürstenzell

Mach´s mit links, Spezialversand für Linkshänder, E-Mail: linkshaender-versand.w.hoegerl@t-online.de, Willi Högerl, Inderbogen 3 a, 94362 Neukirchen

Berlin

Linkshändler - Alles für Linkshänder, http://www.DerLINKSHAENDLER.de, E-Mail: R.Petersen@derlinkshaendler.de, Reinald Petersen, Schmargendorfer Str. 34, 12159 Berlin

Hessen

Guckloch e.K., Material für Psychomotorik und Linkshänder, http://www.guckloch-online.de, E-Mail: info@guckloch-online.de, Schöne Aussicht 11, 35585 Wetzlar-Blasbach

Linkshandartikel Versand und Verkauf, http://www.derlinkshaender.de, E-Mail: info@derlinkshaender.de, Manfred Link, Goethestr. 15, 63263 Neu-Isenburg

Fachgeschäft für Schulmaterialien, mod. Kleidung u. vieles mehr!, http://www.sinnvoll-lernen.de, E-Mail: K.Oetzel@germanynet.de, Kornelia Oetzel, Mathilde-Franziska-Anneke-Str. 16, 68519 Viernheim

Niedersachsen

SINISTRIUS, Der Versand für den Linkshänder, http://www.sinistrius.de, E-Mail: sinist2@aol.com, Postfach 1709, 27737 Delmenhorst

LAV - Linkshand-Artikel-Vertrieb, Einzel- und Großhandel (Versand), www.linkshandartikel.de\index01.html, E-Mail: LAVDaeumler@aol.com, Klaus Däumler, Postfach 1208, 28785 Schwanewede

RK-Versand, Linkshandprodukte, Rolf Kück, Postfach 1647, 28822 Achim

Links-Krams für Kinder & Co., Linkshänderbedarf, http://www.Links-Krams.de, E-Mail: LinksKrams@aol.com, Jörg Dickmann, Am Feuerwehrhaus 10, 29223 Celle-Altenhagen

LAFÜLIKI, Laden für linkshändige Kinder und Versand, http://www.lafueliki.com, E-Mail: info@lafueliki.de, Jörg und Cerstin Bayer, Schöttlingerstr. 7a, 31698 Lindhorst

Nordrhein-Westfalen

Die LINKE HAND, Versandhandel für Linkshänder, U. Scheuermann-Mielke, Neusser Str. 35, 41564 Kaarst

Wichtige Adressen

SML – Stark mit Links, Verkauf und Versand von Linkshandartikeln,
E-Mail: SML-Erkelenz@t-online.de,
Hedwig Stark, Zum Lenzenkamp 2,
41812 Erlkelenz-Immenrath

Mit LINX*, Handel für Linkshänder/Innen,
http://www.mit-linx.de,
E-Mail: info@mit-linx.de, W.Herchenhan,
Wiemespfad 24, 47918 Tönisvorst

Rheinland-Pfalz

Linkshandversand,
http://www.linkshandversand.de,
E-Mail linkshandversand@t-online.de,
Sabine Hornung, Ottostr. 8, 67551 Worms

Saarland

Fachhandel für Linkshänder und Seniorenbedarf,
http://www.karola-engler.de,
E-Mail: service@karola-engler.de,
Carola Engler, Lachwaldstr. 17,
66740 Saarlouis

Sachsen

lila-Geschenke, Der Internetversand für Linkshänderartikel und besondere Geschenke,
http://www.lila-geschenke.de,
E-Mail: info@lila-geschenke.de,
Silvio Pfundt, Friedensstr. 23, 01097 Dresden
LIVE, Linkshand- und Bedarfsartikel Versand,
Marion Zimmermann, Rabenau Str. 2,
01705 Freital

Sachsen-Anhalt

BLG Fischer (B=Büro, L=Linkshänder, G=Geschenke), Frau Fischer, Steinweg 55,
06110 Halle

Linkshandprodukte im Fachgeschäft für Stahlwaren (nur Schneidinstrumente),
Klaus-Peter Lehmann, Gr. Kalandstr. 10,
06667 Weißenfels

LIVE, Linkshand- und Bedarfsartikel Versand,
http://www.lefthand.de,
E-Mail: LIVE@lefthand.de,
Dietlinde Stübner, Im Heidefeld 38,
39175 Wahlitz

Drogerie Pütsch, Hr. Pütsch, Karl-Marx-Str. 1,
39175 Biederitz

Schleswig-Holstein

left is right, Die Spezialisten für Linkshänder e.K.,
http://www.leftisright.de,
E-Mail: info@leftisright.de,
Marianne Schimmimg, Bahnhofstr. 8,
22926 Ahrensburg

Thüringen

activus e-shopping GmbH,
http://www.linkshaender.de,
E-Mail: info@activus.de,
Heiko Hilscher, Furthmühlgasse 2,
99084 Erfurt

ÖSTERREICH

Dar Zäodl, Schreibwaren-Büromaterial-Linkshändershop,
E-Mail: hagen.erich@telemax.at,
Erich Hagen, Jahnstr. 23,
A-6890 Lustenau

SCHWEIZ

linkerhand, http://www.linkerhand.ch,
E-Mail: linkerhand@bluewin.ch,
Brigitte Eichkorn, Schlettstadterstr. 34,
CH-4055 Basel

iLinki, Brigitte Eigenmann, Hauptstr. 88,
CH-9434 Au

Fotonachweis

ENGLAND

Anything Left-Handed, 57 Brewer Street, London W1R 3FB, England, http://www.anythingleft-handed.co.uk, E-Mail: enquiry@anythingleft-handed.co.uk

Anything Left-Handed, 5 Charles Street, Worcester WR1 2AQ, England, http://www.lefthand-education.co.uk, E-Mail: mail@lefthand-education.co.uk,: Mark Stewart

DÄNEMARK

Left Hand Scandinavia, Charlotte af Rosenborg, http://www.lefthand.dk, E-Mail: cr@lefthand.dk, Lyngvej 6B; DK-2800 Lyngby

Wichtige Bücher

Edwards, Betty: Das neue Garantiert Zeichnen lernen. Die Befreiung unserer schöpferischen Gestaltungskräfte. Reinbek 2005.

Sattler, Johanna Barbara: Links und Rechts in der Wahrnehmung des Menschen. Zur Geschichte der Linkshändigkeit. Donauwörth 2000.

Weitere Informationen

www.lefthandedchildren.org/swapmouse.htm Freie Software, um die Computermaus-Tasten andersherum zu belegen

Für dieses Buch speziell angefertigte Fotos

© Octopus Publishing Group Limited/ Russell Sadur

Andere Fotos

Action Plus 103
Alamy/Charles Mistral 116
Bridgeman Art Library/Louvre, Paris, France, Giraudon15
Corbis UK Ltd 76
Ethan Miller 14 unten links
Heide Benser 36
Kevin Cozad 8
LWA-Dann Tardif 88
Michael Kim 15 unten links
Getty Images 108
AFP 102
Charlie Schuck 22
Frank Micelotta/Stringer 118
John Giustina 78
Michael Wildsmith 80
Steve Powell 110
Streeter Lecka 107
Terry O'Neill 117
Yellow Dog Productions 97
Masterfile/Gail Mooney 115
Kevin Dodge 100
Octopus Publishing Group Limited/ Adrian Pope 45
Peter Pugh-Cook 62 links
Vanessa Davies 12
Rex Features/JG/TS/Keystone USA 14 oben rechts

ISBN 978-3-7831-6056-7

ISBN 978-3-7831-6127-4

ISBN 978-3-7831-6155-7

ISBN 978-3-7831-6146-5

ISBN 978-3-7831-6136-6

ISBN 978-3-7831-6129-8

ISBN 978-3-7831-6160-1

ISBN 978-3-7831-6164-2

Dank

Ich danke Professor Johanna Barbara Sattler und Christopher Seed für die anregenden Diskussionen, die wir in Luxemburg hatten und denen ich wertvolle Einblicke in die verschiedenen Aspekte der Linkshändigkeit verdanke.

Vor allem danke ich meinem Mann Keith, der mich ermutigt hat, dieses Buch zu schreiben, für seine Unterstützung, seine Geduld und dafür, dass er mir geholfen hat, ein so großes Projekt so aufzuteilen, dass ich es bewältigen konnte.

Executive Editor Jane McIntosh
Editor Emma Pattison/Kerenza Swift
Design Manager Tokiko Morishima
Designer Peter Gerrish
Production Controller Nigel Reed